Wie du stark bleibst!
Das Umsetzungsbuch für mehr Lebensfreude
und innere Stärke
Stefanie Weber

Über die Autorin

Stefanie Weber, Jahrgang 1972, hat selbst erfahren, wie herausfordernd extreme Situationen sein können. Trotzdem lässt sie sich die Lebensfreude nicht nehmen und bleibt fokussiert auf Lösungen und das Leuchten am Ende des Tunnels.
Als Bankbetriebswirtin und Finanzierungsexpertin berät sie Kunden und gibt ihr Wissen in Fachtrainings weiter. Dabei ist es ihr wichtig, die Balance zwischen Familie, Arbeit und den eigenen Bedürfnissen zu halten. Ihre Erfolgsfaktoren und Erfahrungen gibt sie in Impulsvorträgen, Workshops und Einzeltrainings weiter. Als Autorin zeigt sie in ihrem Buch Handlungsmöglichkeiten für mentale Stärke auf und motiviert, ins TUN zu kommen. Ihr Motto für mehr Lebensfreude und innere Stärke lautet: *Erkennen. Ermutigen. Motivieren. Machen.* Sie wohnt mit ihrer Familie und Beagle Stella in Wingershausen.

Stefanie Weber

Wie du **stark** bleibst!

Das Umsetzungsbuch für mehr Lebensfreude und innere Stärke

Die vorgestellten Ideen und Inspirationen in diesem Buch wurden von der Autorin sorgfältig geprüft. Eine Garantie kann dennoch nicht übernommen werden, dass die Informationen auf die jeweilige persönliche Situation zutreffen. Zudem können die Ausführungen in diesem Buch nicht den Besuch bei einem Arzt oder Psychologen ersetzen. Eine Haftung der Autorin für Personen-, Sach- und Vermögensschäden ist daher ausgeschlossen. Dieses Buch enthält Links auf Webseiten Dritter, für deren Inhalte wir keine Haftung übernehmen, da wir uns diese nicht zu eigen machen, sondern lediglich auf deren Stand zum Zeitpunkt der Erstveröffentlichung verweisen.

Bibliografische Information der Deutschen Nationalbibliothek: Die Deutsche Nationalbibliothek verzeichnet diese Publikation in der Deutschen Nationalbibliografie, detaillierte bibliographische Daten sind im Internet über http://dnb.dnb.de abrufbar.

© 2020 Alle Inhalte sind urheberrechtlich geschützt.
Alle Rechte, einschließlich Vervielfältigung, Veröffentlichung,
Bearbeitung und Übersetzung bleiben vorbehalten,
Stefanie Weber.

Stefanie Weber
Beratung im Bereich Gehirntraining & Mentaltraining
Eschenröder Straße 6
63679 Schotten

Covergestaltung und Satz: Wolkenart – Marie-Katharina Wölk,
www.wolkenart.com
Coverfoto: Kinka Tadsen,
www.kinkatadsen.de
Lektorat und Korrektorat: Eva Reiß,
www.leuchtturm-lektorat.de

Herstellung und Verlag: BoD – Books on Demand – Norderstedt
ISBN: 978-3-752610-44-4

Inhalt

Vorwort 7
Herzensangelegenheit 9
Einleitung 11
Mehr Zeit mit Glücklichsein verbringen 14
Perlen für deine Erfolgskette 17
Die besten Zutaten für den Kuchen der Lebensfreude .. 20
Drück den Pausenknopf im Hamsterrad 24
Der wichtigste Mensch in deinem Leben 29
Finde deine Energieräuber 33
Power und Pause – passt das zusammen? 44
Morgenstund' hat Gold im Mund? 48
Die Eintrittskarte zum Club der guten Laune 52
Spann deinen Schutzschirm auf 62
Handel nach deinem Drehbuch 67
Kopf oder Zahl – du hast die Wahl 72
Lösungs- oder Problemrahmen – in welchem steckt
dein Porträt? 81
Ein magischer Weg für deine Entwicklung 88
NEIN sagen, damit dein JA zu dir gelingt 100
Was packst du in deine Tüte? 107
Ein Schlüssel zum Glück 113
Mut tut gut 117
Magische Momente konservieren 122
Energiequelle Natur 128
Dein Erste-Hilfe-Team 132

Mach, was du willst! 136
Vom fröhlichen Trampelpfad zur Glücksautobahn 139
Sprenge deine Ketten – auf der Erfolgstreppe
triumphieren 145
Nachwort.................................... 152
Quellenverzeichnis............................ 153

Vorwort

Eines der größten Geschenke, das der Mensch besitzt, ist die Fähigkeit, entscheiden zu können, eine Wahl zu haben.

Doch zu oft nutzen wir dieses Geschenk gar nicht und entscheiden nicht wirklich frei, weil wir mehr oder weniger verhaftet sind in unserer Vorstellung von der Welt, die auf unseren bisherigen Erfahrungen beruht.

Unser Gehirn ist im Grunde genommen ein Konstrukt aus vielen Erfahrungen, die ihre Spuren hinterlassen und damit unser Verhalten prägen.

In meinem Beruf erlebe ich oft Menschen, die sich so verausgabt haben, dass sie sehr erschöpft sind und ihre Lebensfreude darunter leidet. Vielen ist dabei nicht klar, dass unbewusste Verhaltens-Handicaps einen großen Beitrag zur aktuellen Lebenssituation leisten.

Das Loslassen alter Denk- und Verhaltensmuster ist jedoch nicht einfach, weil sie selten hinterfragt werden. Oft bedarf es erst einer Krise, bevor Menschen zu Änderungen bereit sind, oder wie ich einmal in einer Philosophievorlesung gehört habe: »Der Schmerz fragt nach dem Warum? – die Lust nicht.«

Stefanie Weber beschäftigt sich in diesem Buch mit dem Loslassen alter Denkmuster und zeigt auf, wie die Leserinnen und Leser ins TUN kommen können.

Kurz gesagt geht es darum, wie sich schwierige Erlebnisse erfolgreich bewältigen lassen und wie sich neue, schönere Erfahrungen anschließen können.

Sollten Sie nach der Lektüre dieses Buches denken: »Ach hätte ich so ein Buch doch früher gelesen!«, dann tröstet Sie hoffentlich dieses afrikanische Sprichwort:

Die beste Zeit, einen Baum zu pflanzen, war vor 20 Jahren.
Die zweitbeste Zeit ist jetzt!

Walter Kromm

Herzensangelegenheit

2014 hatte mein Mann Stefan aus dem Nichts heraus einen heftigen Schlaganfall. Dadurch hat sich von einem Tag auf den anderen unser Leben komplett geändert. Im Alter von 45 Jahren musste mein sportlicher und gesunder Mann nach Kopf-OP und Intensivstation fast alles wieder neu lernen, unter anderem essen, laufen und sprechen. Die Prognosen der Ärzte auf der Akutstation waren eher düster und wenig zuversichtlich.

Mit der Überzeugung, dass jeder Krankheitsverlauf unterschiedlich ist, war ich entschlossen, hier den bestmöglichen Weg zu finden, damit wir wieder positiv in die Zukunft schauen können. In der grundsätzlichen Annahme, dass vieles möglich ist, beschäftigte ich mich intensiv mit den Themen Schlaganfall, Rehabilitation und Gehirn. Gleichzeitig suchte ich Unterstützung bei Menschen, die in diesen Themen bereits Erfahrungen haben. Über diese Kontakte konnten wir auch für Stefan die optimale Rehaklinik finden. Das Motto der neurologischen Fachklinik lautet: *Niemals aufgeben!¹* Diese zwei Worte beschreiben unsere Einstellung und Motivation auf unserem weiteren Lebensweg als Familie.

Meine Erfahrungen im Bereich Mentaltraining und positives Selbstcoaching haben mir geholfen, diese schwierige Zeit zu meistern. Gleichzeitig durfte ich seitdem viel Neues lernen und entdecken, wodurch ich meine innere Stärke weiterentwickeln konnte.

Innere Stärke zahlt sich nicht nur in extremen Lebenssituationen aus, sondern erleichtert auch, die kleinen Berge im Alltag zu besteigen. Durch die erprobten Tipps und Anregungen in diesem Buch ist es möglich, innere Stärke zu entwickeln und ganz einfach umzusetzen, im eigenen Tempo und Schritt für Schritt.

Ich wünsche mir, dass meine Leserinnen und Leser dadurch zu mehr Lebensfreude und Gelassenheit finden und mit Spaß an der Umsetzung Verhaltensweisen und bestehende Gewohnheiten hinterfragen, um leichter auf dem Lebensweg voranzuschreiten.

> »Auf Veränderungen zu hoffen, ohne selbst dafür etwas zu tun, ist, wie am Bahnhof zu stehen und auf ein Schiff zu warten.«[2]

Es ist mir eine Herzensangelegenheit, meine Erfolgsrezepte als Ideen und Handlungsmöglichkeiten in diesem Buch weiterzugeben.

Ich möchte Impulse setzen, damit der Weg zum Hafen gefunden wird, um das gewünschte Schiff zu besteigen, und lade ein, ins *HANDELN* zu kommen.

Stefanie Weber

Einleitung

Bei der Anrede in diesem Buch habe ich mich für das wertschätzende »du« entschieden. Während ich dieses Buch schreibe, stelle ich mir vor, wir sitzen uns bei einer Tasse Tee gemütlich gegenüber und ich erzähle dir meine Erfolgsgeheimnisse für mehr innere Stärke. Sie resultieren aus meinen Lernerfahrungen und Weiterbildungen der letzten 15 Jahre. Du kannst davon ausgehen, dass ich die Ideen und Impulse selbst anwende und nun schon einige Zeit erfolgreich einsetze.

Die verschiedenen Abschnitte können in beliebiger Reihenfolge gelesen werden. Hast du nur kurz Zeit, dann schlage einfach irgendeine Seite auf und lies das Kapitel. Du kannst dieses Buch zur Umsetzung und Motivation nutzen, die Übungen direkt im Buch notieren und damit dein persönliches Exemplar gestalten. Dann hast du später nochmal die Möglichkeit, die Anfänge deiner Entwicklung nachzuvollziehen. Gleichzeitig hilft dir das Aufschreiben, die Ideen und Impulse direkt umzusetzen und dir besser zu merken.

In verschiedenen Kapiteln sind die Inhalte ähnlich und du bemerkst vielleicht, dass du einige Aussagen bereits gelesen hast. Dies habe ich bewusst getan, da unser Gehirn unter anderem durch Wiederholen lernt und es dir so leichter gelingt, die Buchinhalte umzusetzen und zu erinnern. Mit Textmarkern und bunten Klebezetteln zur Markierung von Abschnitten, die dir besonders gefallen, wird dein Buch noch individueller.

Ich wünsche dir viel Freude mit diesem Buch und freue mich über eine Rückmeldung an: info@stefanie-weber.com.

»Die schwierigste Zeit
in unserem Leben,
ist die beste Gelegenheit
innere Stärke
zu entwickeln.«

(Dalai-Lama)

Mehr Zeit mit Glücklichsein verbringen

Wie kannst du dir diesen Wunsch erfüllen?

Ein Schritt in diese Richtung ist das Entwickeln deiner inneren Stärke.

Was jedoch ist innere Stärke?

Innere Stärke bedeutet für mich, dass ich meinen Lebensweg mit Freude und Optimismus gehe und bei Herausforderungen, Veränderungen und Belastungen nicht gleich die Flinte ins Korn werfe.

Ich denke, es ist wichtig, dass du dich selbst nicht als »Opfer« äußerer Umstände betrachtest, sondern lösungsorientiert die jeweilige Situation angehst.

Häufiger bewusst einen Moment innehalten, Ruhe bewahren und Selbstverantwortung übernehmen. Das hat mir bei Herausforderungen so oft weitergeholfen. Die Fragen, die ich mir in belastenden Situationen stelle, lauten:

Was ist jetzt gerade mein Ziel?
Was kann ich jetzt dafür tun oder ist es sogar besser, jetzt loszulassen und gerade mal nichts zu tun?
Welche Veränderungen kann ich vornehmen?
Wo und bei wem kann ich Hilfe finden?

Durch diese Fragen erreiche ich eine Orientierung hin zu meinen Zielen und kann meine Vorgehensweise und Handlungen darauf abstimmen.

In den nächsten Kapiteln verrate ich dir meine Erfolgsgeheimnisse und wie du es schaffst, Veränderungen nachhaltig umzusetzen.

Wer gelegentlich etwas anders macht und Neues wagt, erweitert Schritt für Schritt seine Komfortzone.

Perlen für deine Erfolgskette

Was hast du davon, deine innere Stärke zu trainieren?

Häufig sind es belastende Ereignisse, die dich besonders herausfordern, dich dadurch mental wachsen lassen und dich in deiner persönlichen Entwicklung voranbringen. Nicht immer erreichst du das fokussierte Ziel. Du kannst jedoch auch aus einem Misserfolg etwas lernen. Du weißt anschließend, wie es (noch) nicht funktioniert. Wenn du an deinem Ziel dranbleibst und weiter lösungsorientiert vorgehst, dann findest du weitere Möglichkeiten, die dich deinem Ziel näherbringen. Oftmals ist der Lernschritt in solchen Fällen sogar größer, da du Ausdauer gezeigt hast und neue Wege gegangen bist. Beim nächsten Mal, in einer ähnlichen Situation, hast du dadurch bereits Erfahrung gesammelt und es fällt dir leichter, mit einem anfänglichen Misserfolg umzugehen.

Das Training der inneren Stärke gibt dir Selbstvertrauen, führt zu höherer Stressresistenz und Flexibilität bei Veränderungen und außergewöhnlichen Herausforderungen. Gleichzeitig lenkt es den Blick auf mehr Lebensfreude und Zufriedenheit und fördert ein kreatives und lösungsorientiertes Denken: hin zu mehr agieren, anstatt nur zu reagieren. Diese – auch Resilienz[3] genannte – Fähigkeit zu trainieren, ist für mich gleichbedeutend mit persönlichem Wachstum und steigert die eigene Kompetenz und Handlungsfähigkeit. Innere Stärke ist – meiner Meinung nach – ein wesentlicher Erfolgsfaktor im privaten und beruflichen Leben.

Als mein Mann neun Monate nach dem Schlaganfall einen epileptischen Anfall hatte, konnte ich mit dem erneuten nächtlichen Notfall besser umgehen als beim ersten Mal. Die Situation habe ich aufgrund meiner Erfahrungen besser und schneller verarbeitet als den Schlaganfall zuvor. Ich habe daraus gelernt, bei Herausforderungen einen kühlen Kopf zu bewahren und die nötigen Dinge zu tun.

> Übung 1:
> Welche Herausforderung konntest du in der Vergangenheit meistern? Was hast du dabei gelernt und kannst du dies in ähnlichen Situationen nutzen? Notiere hier, was dir dazu einfällt.

Außerhalb der Gedankenkreise spielt das Leben.

Die besten Zutaten für den Kuchen der Lebensfreude

Wie gehst du am besten vor, um innere Stärke zu trainieren und mehr Lebensfreude zu erhalten?

Die Impulse für innere Stärke in diesem Buch sind eine Aufzählung meiner besten Umsetzungstipps für diese Mission. Ich habe sie in verschiedenen Ausbildungen, Seminaren und aus Büchern erfahren, ausprobiert und auf meine Art umgesetzt. Einige dieser Tipps lassen sich sofort realisieren und gut in den Alltag integrieren. Für andere benötigst du vielleicht etwas mehr Zeit, um sie zu verwirklichen. Es lohnt sich auf jeden Fall, hier dranzubleiben. Meine Empfehlung ist, nicht alles auf einmal auszuprobieren, sondern mit ein bis zwei Ideen zu starten. Nimm die Inspiration, die dich jetzt anspricht und dir in deiner aktuellen Situation weiterhelfen kann. Setze deinen Fokus auf die Umsetzung dieser einen Sache. Wenn du dir zu viele neue Dinge auf einmal vornimmst, dann besteht die Gefahr, dass du dich verzettelst und eher aufgibst. Wenn du dranbleibst und du siehst deinen Erfolg, dann wird dir die Motivation für weitere Veränderungen leichterfallen.

Möchtest du zum Beispiel ein neues Frühstück ausprobieren, dann kaufst du sicherlich auch nicht zeitgleich zehn unterschiedliche Müslisorten, öffnest alle Verpackungen, nimmst jeweils einen Teelöffel und rührst dann alles zusammen. Bestimmt ist es eine Dose Müsli, die du mit nach Hause nimmst, öffnest und dann in Ruhe ausprobierst. Vorher hast du vielleicht noch die Zutatenliste gelesen, um festzustellen, ob sie auch deinem Geschmack entspricht.

Mit diesem Vergleich möchte ich einfach sagen, dass es wichtig ist, die angebotenen Möglichkeiten nacheinander umzusetzen und nicht alles auf einmal auszuprobieren. Komm zuerst mit der einen Sache, die du jetzt für dich umsetzen möchtest, ins Handeln und bleib an dieser Sache dran.

Ich habe für mich erkannt, dass Veränderungen am leichtesten umzusetzen sind, wenn ich sie fest in meinen Alltag integrieren kann. Dadurch kann die Umsetzung nach einiger Zeit zur guten Gewohnheit werden und ich benötige nur noch wenig Energie oder Motivation dafür.

Im Durchschnitt braucht es 66 Tage, bis eine neue Handlung als Gewohnheit gefestigt ist.[4] Abhängig ist diese Zeitangabe natürlich auch von der Handlung, die du umsetzen möchtest. Weniger komplexe neue Gewohnheiten lassen sich schneller erlernen als eine umfangreiche Neustrukturierung. Bei der Auswahl der Idee, die du umsetzen möchtest, kannst du dir die folgenden Fragen stellen:

> *Was möchte ich erreichen?*
> *Was hindert mich noch daran?*
> *Worauf lege ich jetzt meinen Fokus?*
> *Was bin ich bereit, dafür zu tun?*

So hast du die Möglichkeit, nach und nach Veränderungen herbeizuführen und immer mehr Zutaten für deinen Kuchen der Lebensfreude in dein Leben zu holen. Schaue hierfür gerne auch im Kapitel »Vom fröhlichen Trampelpfad zur Glücksautobahn« nach. Hier erkläre ich, was du erreichen kannst, wenn du an einer Sache dranbleibst.

Anstatt schneller, höher, weiter zur Abwechslung die Dinge langsamer, einfacher und reduzierter angehen.

Drück den Pausenknopf im Hamsterrad

Ohne, dass du es bemerkst, dreht sich das Hamsterrad oft Stück für Stück immer ein bisschen schneller. Noch kurz dies erledigen und das bearbeiten und schon fällst du abends müde ins Bett und denkst, wo ist der Tag nur geblieben? Kennst du das Gefühl? Wenn du auch noch feststellst, dass du dir in den letzten Tagen oder Wochen kaum Pausen für dich eingeräumt hast, dann ist es vermutlich dringend an der Zeit, dies an die oberste Stelle deiner Prioritätenliste zu setzen.

Wenn ich bemerke, dass ich mich gerade in einer derartigen Situation befinde, drücke ich direkt auf den Pausenknopf. Möchtest du das einmal ausprobieren? Hier ist die Anleitung: Nimm dir fünf bis zehn Minuten Zeit und steige aus deinem Hamsterrad aus. Such dir einen ruhigen Ort, wo du für diese Pause allein sein kannst, und schließe die Tür. Du kannst auch einfach rausgehen und dir einen ruhigen Platz suchen oder eine Toilette als kurzen Rückzugsort nutzen. Dann tief ein- und ausatmen und dich einfach mal strecken und dehnen. Mit jedem Ausatmen die Anspannung mental loslassen und entspannen.

Allein die Tatsache, sich der Eile und Belastung gewahr zu werden, bewirkt bereits eine Veränderung deiner Wahrnehmung. Du kannst nun überlegen, welche Tätigkeiten heute wirklich noch zu erledigen sind. Stelle dir die Frage: Ist es in zwei Wochen (oder einem Monat/einem Jahr) noch wichtig, dass ich das heute erledigt habe? Danach entscheidest du, was an diesem Tag wirklich noch erledigt werden sollte, welche

Dinge nicht dringend oder überhaupt nicht nötig sind. Vielleicht kannst du auch etwas delegieren oder es fällt dir jemand ein, der dich unterstützen kann. Wie viel Zeit kannst du dadurch für dich gewinnen? Versuche einen konkreten Termin mit dir – noch heute – zu vereinbaren. Dies kann am Abend zum Beispiel um 19 Uhr ein Entspannungsbad sein, ein Spaziergang in der Mittagspause um 13 Uhr zum Durchatmen oder eine halbe Stunde lesen mit einer leckeren Tasse Tee um 15:30 Uhr. Plane die genaue Uhrzeit, damit du nicht in die Versuchung kommst, es auf »später« zu verschieben. Am besten, du stellst dir noch eine Erinnerung im Handy ein! *Zumindest hilft das mir, die Pause auch wirklich zu machen.* ☺

Diese Pause ermöglicht dir, aufzutanken und dann die Erledigungen mit neuer Kraft anzugehen. Grundsätzlich ist es zielführend, wenn du auch deine Entspannungszeit in deinem Wochenkalender vorplanst und deine Zeiten zum Krafttanken zur positiven Gewohnheit werden lässt. Dies kann beispielsweise am Wochenende der längere Spaziergang in der Natur sein oder die wöchentliche Yogastunde.

Ich habe festgestellt, dass die Wartezeit beim Arzt, an der Kassenschlange, am Bahnhof oder auch auf die Mitfahrgelegenheit sehr gut als Verschnaufpause genutzt werden kann. Es reicht für ein paar tiefe Atemzüge, um dabei achtsam auf die Körperhaltung zu schauen und mich aufzurichten. Dann noch ein inneres und äußeres Lächeln erzeugen und ich bemerke, dass sich mein emotionaler Zustand positiv verändert. Oft wird mein Lächeln auch direkt erwidert und ich spende damit anderen gute Laune. Gleichzeitig empfinde ich die Wartezeit durch diese andere Sichtweise nicht mehr als verschwendete Zeit. Damit kann ich die vorher als unangenehm empfundene Wartezeit positiver sehen. Das Warten stresst mich dann nicht mehr und meine Stimmung ist gut. Inzwischen habe ich immer etwas Schönes zum Lesen dabei, damit ich mir bei ungeplanten Wartezeiten die Zeit damit vertreiben kann. Alternativ stehen auf dem Handy genügend Hörbücher zur Verfügung. Ich kann mich auch noch gut daran erinnern, dass meine strickbegeisterte Oma oft ihr Strickzeug dabeihatte. Wenn sie irgendwo warten musste, hat sie einfach an den halbfertigen Socken weitergestrickt.

Übung 2:
Überlege, an welchem Ort du zu Hause und am Arbeitsplatz ungestört eine Pause einlegen kannst. Wie setzt du es konkret um? Notiere deine Ideen gleich hier unter diesem Abschnitt!
Wenn du dir das nächste Mal der Geschwindigkeit im Hamsterrad bewusst wirst, lege gleich eine Pause ein!

Es ist deine wichtigste Aufgabe, gut für dich selbst zu sorgen.

Der wichtigste Mensch in deinem Leben

Wer ist der wichtigste Mensch in deinem Leben? Wessen Wohlbefinden steht bei dir an erster Stelle?

Ich denke, als erster Impuls kommt dir der Name eines Lieblingsmenschen in den Sinn. Jemand, mit dem du vielleicht zusammenlebst oder eine Person, die dir sehr wichtig ist. Ich möchte bei diesem Thema noch einen Schritt weiter gehen und dich ermuntern, über die folgenden Fragen nachzudenken:

- ✓ Bist nicht du der wichtigste Mensch in deinem Leben?
- ✓ Schenkst du dir genügend Zeit und Aufmerksamkeit für deine Wünsche und Bedürfnisse?
- ✓ Wie ist es, wenn es dir nicht gut geht, wenn du nur noch »funktionierst« oder emotional nicht in Balance bist? Kannst du dann für andere wirklich da sein?
- ✓ Wie oft stehst du für andere bereit, um die Bedürfnisse und Anforderungen zu bedienen? Ist es dein Empfinden, dass die Familie, der Partner, die Arbeitskollegen … auf dich zählen, jeder an dir zerrt und Erwartungen an dich stellt?

Nutze diese Fragen als Anregung, darüber nachzudenken, wie wichtig es ist, für dich selbst zu sorgen. Damit du innere Stärke entwickeln kannst, empfehle ich, dir Zeit für deine Gesundheit, deine Zufriedenheit sowie deine Ziele und Wünsche einzuräumen. Du kannst mit Hilfe der nächsten Übung deine Gedanken hierzu aufschreiben und dir selbst damit »mehr Wert« geben.

> *Übung 3:*
> *Nimm dir Zeit für eine Bestandsaufnahme: Notiere die Momente, in welchen du dir in den letzten Wochen (oder Monaten) Zeit für dich genommen hast und dir selbst etwas Gutes getan hast. Was genau war das? Notiere, was dir spontan einfällt.*

✎ _____

_____

_____

_____

_____

_____

_____

_____

Übung 4:
Wenn du beim Nachdenken nun vielleicht festgestellt hast, dass die Zeit, in der du dich um dich selbst kümmerst, durchaus ausgeweitet werden darf, dann überlege, ob dir spontan eine konkrete Sache in den Sinn kommt, die du nur für dich tun möchtest. Vielleicht ist da noch eine Idee aus Übung 1, die dir gut gefallen hat. Notiere sie hier erneut und lege für dich fest, wann und wo du dies (regelmäßig) anwenden möchtest.

Wer ohne Perfektionismus auskommen kann, hat mehr Zeit zum leben.

Finde deine Energieräuber

Leider ist es heute fast schon eine Selbstverständlichkeit, dass ein Stresszustand gleichbedeutend ist mit »sehr fleißig sein«. Ich frage dich daher: Ist permanenter Stress wirklich ein erstrebenswerter Zustand? Wie denkst du darüber? Ist es nicht viel angenehmer und leichter, die Dinge so zu planen und anzugehen, dass möglichst wenig Stress entsteht? Oder mehr und mehr die Dinge zu tun, die dich deine Ziele entspannt und voller Power erreichen lassen? In diesem Zusammenhang bitte ich dich, über die folgende Frage nachzudenken:

Wer und was sind deine Energieräuber?

Überlege doch einmal, welche Personen in deinem Umfeld dir eher Energie rauben. In wessen Anwesenheit fühlst du dich voller Energie? Mit wem hast du gemeinsam Spaß und kommst auf neue Ideen? Wer fällt dir zuerst ein, wenn du an Energieräuber denkst? Vielleicht reicht es aus, wenn du dieser Person weniger Aufmerksamkeit schenkst und loslässt? (Tipps zum NEIN sagen findest du im Abschnitt »NEIN sagen, damit ein JA zu dir gelingt«.)

Es kann auch hilfreich sein, dein Adressbuch oder Telefonverzeichnis einfach durchzuschauen und zu entscheiden, wen du rausstreichen kannst und nicht in das Adressverzeichnis vom Kalender fürs nächste Jahr übernehmen möchtest. Genauso entdeckst du dort eventuell den Namen eines lieben Menschen, den du lange nicht kontaktiert hast.

Diese »Kalendermethode« nutze ich regelmäßig am Ende des Jahres, wenn ich die Adressdaten in den Taschenkalender für das nächste Jahr übertrage. Inzwischen sind in meinem Adressbuch nur noch Personen, die ich schätze und mag. Gleichzeitig nehme ich dies zum Anlass, mal wieder mit jemandem zu telefonieren, den ich lange nicht gesprochen habe, und vereinbare dann gleich ein Treffen im Januar.

Um hier nicht bei den Energieräubern zu verharren, möchte ich deinen Fokus auf die dich stärkenden Menschen in deinem Umfeld richten:

> *In wessen Anwesenheit fühlst du dich voller Energie?*
> *Mit wem hast du gemeinsam Spaß und kommst auf neue Ideen?*

Nutze hierzu die nächsten beiden Übungen!

Übung 5:
Bei welchen Menschen in deinem Umfeld fühlst du dich sehr wohl und energiegeladen? Welche Aktivitäten mit ihnen machen dir besonders viel Spaß? Notiere dies auf den nächsten Zeilen!

Übung 6:
Nimm dein Adress- oder Telefonverzeichnis zur Hand und finde mindestens eine Person, die du lange nicht kontaktiert hast. Ruf sie heute direkt an oder mache es dir zur Aufgabe, morgen mit ihr zu sprechen und ein Treffen zu vereinbaren. Bei wem meldest du dich? Wie war ihre/seine Reaktion?

Nicht nur andere Menschen können ein Energieräuber sein. Auch wir selbst bekommen das allzu oft gut hin: Perfektionismus kann solch einen Effekt haben. Der eigene (zu hohe?) Anspruch setzt dich selbst unter Druck und Stress und du verschwendest dadurch wertvolle Energie.

Der Käsekuchen für den Familiengeburtstag soll perfekt sein. Vor lauter Stress und weil noch zwei weitere Kuchen vorbereitet werden, backt der Käsekuchen dann zu lange im Backofen vor sich hin. Er ist zwar etwas mehr gebräunt, schmeckt jedoch sicherlich genauso gut wie eine hellere Version. Ich kenne Frauen, die dann nochmal einen (perfekten) Käsekuchen gebacken und sich dadurch die doppelte Arbeit gemacht haben.

Wenn du diese Perfektionismus-Falle kennst, dann überlege, ob du wirklich drei Kuchen auf einmal backen musst oder lieber einen Kuchen in Ruhe mit Genuss und Freude backen möchtest. Stelle dir in solchen Situationen die Frage:

Muss ich das jetzt wirklich tun?

Lautet deine Antwort NEIN, dann kannst du den nächsten Absatz gerne überspringen. Bei einem JA frage ich dich: Wer zwingt dich dazu oder vor welchen Konsequenzen hast du Angst? Wenn du dies ändern möchtest, dann beantworte dir die nächsten Fragen:

Welche Aufgaben kann ich abgeben?
Wer kann mich unterstützen?

Eine Lösung im Kuchenstress zu finden ist einfach: Kaufe ihn bei einem Bäcker mit leckerem Kuchenangebot, damit unterstützt du sogar noch die heimische Wirtschaft ☺!

Eine weitere Möglichkeit, Energieräuber zu eliminieren liegt im Delegieren von Aufgaben. Gerade im Haushalt ist es oft hilfreich, eine Unterstützung zu finden und anzunehmen. Das ist genau dann wichtig, wenn du das Gefühl hast, dass deine Aufgaben immer zahlreicher werden und die Zeit für dich dadurch wegfällt.

Als ich die Zusage für eine nebendienstliche Weiterbildung erhielt, haben wir uns nach einer Hilfe im Haushalt umgeschaut. Meine Überlegung hierzu war, dass die Zeit, die ich zum Lernen benötigte, nicht von unserer Familienzeit abgezogen werden sollte, da unsere Tochter zu diesem Zeitpunkt erst vier Jahre alt war.

Durch die Unterstützung im Haushalt habe ich Zeit, die ich frei gestalten kann, ohne den Druck zu empfinden, dass diese und jene Hausarbeit noch dringend erledigt werden muss.

Übung 7:

Wenn du dich von der Perfektionsfalle angesprochen fühlst, dann denk darüber nach, in welchem Bereich deines Lebens du etwas entspannter agieren könntest. Gibt es etwas, das nicht zwingend notwendig ist und auch mal weggelassen werden kann? Gehe deine Alltagsaufgaben einmal durch und finde heraus, welche Arbeiten du reduzieren, weglassen oder delegieren kannst. Wenn du deine Ideen notieren möchtest, dann hast du hier die Gelegenheit dazu. In Bezug auf das Delegieren überlege, wer diese Arbeiten übernehmen kann - ist es jemand aus deinem Umfeld oder möchtest du für die Unterstützung einen Dienstleister engagieren?

Diese Arbeiten/Aufgaben möchte ich weglassen:

Diese Arbeiten möchte ich reduzieren:

Diese Arbeiten möchte ich delegieren (an ...?):

Lass' dir deine Pausen nicht nehmen und genieße sie!

Power und Pause – passt das zusammen?

Wenn du dich mal wieder so völlig ausgelaugt fühlst, trete in Gedanken einen Schritt zur Seite und stelle dir die Frage:

Was kann ich heute/diese Woche/diesen Monat für mich tun, damit ich auftanken und wieder neue Energie schöpfen kann?

Diese »Zeiten für dich« sind deine Power-Pausen[5]. Sie ermöglichen dir zu entspannen, neue Energie zu tanken und den Fokus neu zu setzen. So hast du die Möglichkeit, wieder in deine Kraft zu kommen. Wenn du weißt, was deine wirksamsten Powerpausen sind, wird es dir leichterfallen, sie regelmäßig in deinen Alltag zu integrieren. Zur Inspiration hier ein paar meiner Lieblings-Powerpausen:

- ✓ *Im Wald laufen und die Ruhe und den Waldgeruch intensiv aufnehmen.*
- ✓ *Einen wunderbaren Tee trinken und ein schönes Buch lesen.*
- ✓ *Auf dem gemütlichen Sofa stricken und dabei herrlich abschalten, da ich mich nur auf das Stricken konzentriere und andere Gedanken keinen Platz haben.*
- ✓ *Mir ein 20-minütiges Nickerchen gönnen, um danach wieder fit und entspannt zu sein.*

- *Einfach mal 10 Minuten ruhig dasitzen, tief ein- und ausatmen und mich dabei auf die Atmung konzentrieren. Gedanken, die kommen, annehmen und weiterziehen lassen.*
- *Den Sonnenuntergang auf einer Bank sitzend bewundern.*
- *Den weiten Blick in die Landschaft genießen, dabei einfach entspannen und loslassen. Meine Lieblingsplätze sind der Kniepsand auf Amrum, am Schönen Stein in Wingershausen oder rund um den Hoherodskopf.*
- *Am Bach sitzen und dem Gesang der Vögel lauschen.*
- *Bei einer Yogastunde mit Nicoletta auftanken.*
- *Ein gemütliches Frühstück am Sonntag genießen.*

Nimm dir doch einen Moment Zeit und erstelle eine Liste mit deinen Lieblings-Power-Pausen. Was tut dir gut? Plane dir die Pausenzeiten hierfür in deinem Kalender ein. Beginne doch einfach mit einer Sache, die du heute direkt umsetzen möchtest. Überlege dann, wie du deine Power-Pausen regelmäßig in den Alltag integrieren kannst. Wenn du denkst, dass dein Terminplan zu überfüllt ist, dann beginne mit täglichen 15 Minuten und versuche, am Wochenende oder an einem freien Tag eine längere Power-Pause einzubauen. Setzt du es regelmäßig um, so kann daraus eine gute Gewohnheit entstehen.

Die täglichen 15 Minuten ergeben in der Summe wöchentlich 1 Stunde und 45 Minuten, die du nur für dich genießt und aus denen du Kraft schöpfen kannst. Auch hier ist entscheidend, dass du in die Umsetzung gehst und dranbleibst. Räum dir hier die Priorität ein und lass dir diese Zeit für dich nicht stehlen. Denn wer ist nochmal der wichtigste Mensch in deinem Leben?

Denke daran: Wenn es dir gut geht, so profitiert dein ganzes Umfeld davon. Vielleicht gibt es ja auch Power-Pausen, die du mit der Familie oder mit Freunden zusammen genießen möchtest.

> *Übung 8:*
> *Überlege, welche Power-Pausen du dir schenken möchtest. Notiere sie und setze eine davon direkt um. Plane und schreibe auf, welche Pausen du dir regelmäßig zu welchem Zeitpunkt gönnen möchtest. Welche positiven Auswirkungen kannst du dir vorstellen?*
> *Ich verweise auf die Übung 1: Wenn du hier schon etwas notiert hast, was du als Power-Pause für dich nutzen möchtest, dann setze es jetzt auch um* ☺. *Wenn du bereits in der Umsetzung bist, dann reflektiere, was sich durch die Umsetzung für dich geändert hat. Für deine Gedanken hierzu nutze die nachfolgenden Zeilen.*

✎ _____

_____

_____

_____

_____

Eine regelmäßige
»für-mich-Zeit«
hilft,
bei Herausforderungen
die Balance
zu halten.

Morgenstund' hat Gold im Mund?

Wie startest du in deinen Tag? Bist du morgens eher in Eile oder genießt du bewusst den Beginn des Tages? In diesem Abschnitt möchte ich dich einladen, einmal über eine Morgenroutine nachzudenken oder deine morgendlichen Gewohnheiten zu verändern und diese Zeit mehr für dich zu nutzen.

Eine Morgenroutine, bevor der (Arbeits-)Tag startet, kostet dich vielleicht zu Beginn etwas Überwindung, wird jedoch mit zunehmender Praxis zur guten Gewohnheit. Ich empfehle, es einfach mal auszuprobieren – auch wenn es für dich bedeutet, etwas früher aufzustehen.

Wenn du zum Beispiel gerne mehr Sport machen möchtest, dann kannst du einen morgendlichen Lauf, eine Yoga-Einheit oder was immer dir Spaß und Energie bringt praktizieren. Dabei ist es nicht entscheidend, wie lange deine Morgenroutine dauert. Wichtig ist nur, dass sie regelmäßig ausgeführt wird. Davon kannst du in vielerlei Hinsicht profitieren: Du startest mit einem guten Gefühl in den Tag und hast bereits etwas für dich getan. Gleichzeitig kannst du bewusst den Fokus für den Tag setzen (Was ist heute wichtig?) und den Tag damit entspannter und produktiver angehen.

Das Projekt »Morgenroutine« empfehle ich jedoch nicht zu dogmatisch anzugehen, denn es soll dir ja auch Freude bereiten. Vielleicht möchtest du nicht morgens früher aufstehen, sondern bist eher ein Abendmensch. Dann lass es doch einfach zur Abendroutine werden, damit der Tag gut für dich ausklingt. Auch ein Tag Pause von deiner Routine ist kein Problem. Wichtig ist nur, dass die Pausen nicht überwiegen.

Ich habe vor einigen Monaten mit meiner Morgenroutine »Yoga Sonnengruß und Atemübung« begonnen. Die Sequenz dauert 10 Minuten und ich habe zu Beginn das Video hierzu im Internet angeschaut, bis ich die Übung auswendig konnte. Durch die 10-minütige tägliche Praxis habe ich am Ende der Woche 70 Minuten Yoga-Praxis in kleinen Schritten gesammelt und nach kurzer Zeit bereits bemerkt, dass ich damit gut in den Tag starte und gleichzeitig meine Beweglichkeit und Kraft verbessern kann.

Meine Erfahrung ist, dass ich zu Beginn meine Yogaübungen oftmals am Sonntag pausiert habe. Inzwischen ist meine Morgenroutine so sehr zur positiven Gewohnheit geworden, dass ich täglich übe und die Yogamatte auch mitnehme, wenn ich unterwegs im Urlaub oder auf mehrtägigen Seminaren bin. Manchmal sind es auch 15 oder 20 Minuten am Morgen, die ich dann genieße. Gerade im Sommer, frühmorgens auf der Wiese, bedeutet es für mich Entspannung pur mit frischer Luft und dem Gesang der Vögel.

Hier sind ein paar Ideen für deine Morgenroutine:
- ✓ Meditieren
- ✓ Yoga praktizieren
- ✓ an der frischen Luft eine Runde laufen
- ✓ einen Tee oder Kaffee in Ruhe genießen
- ✓ den Tag planen
- ✓ ein Dankbarkeitstagebuch führen
- ✓ Musik hören
- ✓ Essen für die Mittagspause vorbreiten

- ✓ in einem Buch lesen
- ✓ eine Podcastfolge hören
- ✓ in Ruhe das Frühstück genießen

> **Übung 9:**
> Kannst du dir vorstellen, eine Morgen- oder Abendroutine für dich einzurichten? Welche Idee hast du hierzu? Werde hier konkret und notiere dir, was du für dich tun möchtest. Dabei probiere vorerst nur eine neue Morgenroutine aus. Ich empfehle, es einfach mal für vier bis sechs Wochen zu testen. Dabei kannst du dir in einem Kalender für jeden Tag, an dem du die Routine durchgeführt hast, einen Smiley ☺ anbringen. So entsteht dann nach und nach deine »Erfolgskette«, die dich weiter anspornt durchzuhalten, bis es zur positiven Gewohnheit geworden ist.

✎ _____

_____

_____

_____

_____

_____

Wer einem Spiegel
ein Lächeln schenkt,
erhält immer ein Lächeln
als Geschenk zurück.

Die Eintrittskarte zum Club der guten Laune

Nachdem du die Überschrift gelesen hast, halte bitte kurz inne und werde dir bewusst, welchen Gesichtsausdruck du gerade hast. Ist er angespannt oder entspannt, liest du genervt vom Alltag, neutral oder lächelnd dieses Buch?

Wenn du eine Möglichkeit suchst, dir selbst zur guten Laune zu verhelfen, kannst du dies mithilfe deiner Gesichtsmuskeln erreichen: Beim Lachen werden verschiedene Botenstoffe wie Dopamin, Serotonin und Oxytocin vom Körper ausgeschüttet. Serotonin wirkt unter anderem stimmungsaufhellend, Dopamin zusätzlich noch schmerzstillend und Oxytocin versetzt den Körper in ein ausgeglichenes Wohlgefühl.[6]

Humor und Lachen helfen in schwierigen Situationen und unterstützen auch bei Krankheit. Anstatt sich weiter in eine Abwärtsspirale der negativen Gefühle zu begeben, ist es sinnvoll, sich den negativen Emotionen bewusst zu werden und auch hier die Fokus-Frage zu stellen:

Wie möchte ich mich fühlen?

Ich bin der Meinung, dass du eine Wahl hast und entscheiden kannst, wie du dich fühlen möchtest. Wenn du bereit bist, für eine bessere Stimmung auch etwas zu tun, dann hast du bereits die Eintrittskarte zum Club der guten Laune. Jetzt musst du nur noch dafür sorgen, dass du auch in den Club hineingehst.

Ich gehe dabei folgendermaßen vor: Wenn ich bemerke, dass ich mich geärgert habe oder genervt und mal nicht gut gelaunt bin, dann sage ich zu mir: STOP – jetzt habe ich mich lange genug geärgert, jetzt ist Schluss damit. Ich richte meinen Fokus und damit auch meine Energie weg vom Ärger und hin zu dem, was mir wirklich wichtig ist. Dann überlege ich, wie ich für mich in dieser Situation mehr gute Laune und Lebensfreude erreiche. Am schnellsten geht das bei mir mit Musik hören und dazu mitsingen.

Hier noch meine weiteren Ideen, um gute Laune zu entwickeln:

- ✓ Einen lustigen Film schauen: Komödien gibt es unzählige – entscheidend sind hier die persönlichen Vorlieben. Bei mir sind es unter anderem »Monsieur Claude und seine Töchter« und »Hände weg von Mississippi«.
- ✓ Ein witziges Buch lesen: Eckhard von Hirschhausen hat die Gabe, interessante Themen humorvoll zu präsentieren.
- ✓ Einen schönen Abend mit Freunden verbringen.
- ✓ Laut (mit-)singen – zum Beispiel beim Kochen oder im Auto. Das macht glücklich und erzeugt stimmungsaufhellende Botenstoffe[7].
- ✓ In einem tollen Buch lesen, zum Beispiel in einem von Nicole Staudinger[8] oder Uli Heppel und Sabine Fuchs[9].

Übung 10:
Versuche, dich an eine lustige Situation zu erinnern, in der du Spaß hattest und sehr viel gelacht hast. Versetze dich in diese Situation hinein und fühle diese Emotionen noch einmal nach. Nimm dir einen Klebezettel und male dann einen Smiley darauf. Das Ziel hierbei ist, dir diese lustige Situation beim Anschauen des Zettels in Erinnerung zu rufen. Platziere ihn dort, wo du häufig vorbeikommst. Wenn du diesen Smiley zukünftig anschaust, nimm das positive Gefühl wieder auf und zaubere dir ein Lächeln ins Gesicht. An welche lustige Situation erinnerst du dich? Es dürfen auch gerne mehrere sein.
Notiere diese in den nächsten Zeilen!

Im Club der guten Laune zu sein, bedeutet nicht, dass dein Ziel ein ewiger positiver Moment sein sollte. Das wird sicherlich nicht gelingen und ist auch nicht unbedingt erstrebenswert. Vielmehr habe ich erlebt, dass nach einer herausfordernden Situation die positiven Dinge im Leben mehr geschätzt werden. Zusätzlich gewinnst du nach erfolgreich gemeisterten Herausforderungen an Selbstvertrauen. In Bezug auf eine Situation, bei der du feststellst, dass du in negativen Emotionen festhängst, hast du die Möglichkeit, ganz bewusst mehr Lachen und Freude zu produzieren.

Als meine Tochter noch zur Grundschule ging und ich mal schlechte Laune hatte, habe ich zu ihr gesagt: »Ich wünsche mir, dass ich mal wieder etwas zum Lachen habe«. Das hat sie dazu inspiriert, lauter kleine gelbe Klebezettel mit Smileys zu bemalen und diese in unserem Schlafzimmer in den Schrank und in die Kommode zu kleben. Als ich dies beim Öffnen bemerkt habe, fand ich es so lustig und lieb von ihr, dass ich herzhaft lachen musste. Noch heute hängen ein paar dieser Klebezettel im Schrank und zaubern mir in Erinnerung an diese tolle Aktion ein Lächeln ins Gesicht.

Ich finde die Idee mit den Klebezetteln unkompliziert und wirksam. Male doch einfach einen Smiley auf einen Klebezettel und klebe diesen zum Beispiel an den Badspiegel, auf die Brotbüchse deines Kindes oder an die Milchtüte im Kühlschrank – und schaue, welche Reaktionen bei dir und anderen entstehen. Eine Alternative hierzu ist die nächste Übung. Sie hat den Vorteil, dass du diese sogar ohne Hilfsmittel überall und zu jeder Zeit ausführen kannst. Über Körperhaltung und Gesichtsausdruck ist es möglich, Einfluss auf deine Entscheidungsprozesse und Gefühle zu nehmen.

Mit dieser Übung gehst du an Aufgaben positiver heran.[10] Probiere es gleich mal aus!

> *Übung 11:*
> *Setze oder stelle dich aufrecht hin, der Kopf ist gerade und das Kinn zeigt leicht nach oben. Nimm die Schultern zurück und das Brustbein leicht nach oben. Ziehe deine Mundwinkel so weit wie möglich nach oben. Zusätzlich kannst du dir auch einen Stift quer zwischen die Zähne klemmen. Denke an etwas Schönes und Angenehmes. Bleibe ca. eine Minute in dieser Stellung. Atme danach ein paarmal tief durch und spüre dabei die positive Veränderung hin zu mehr Wohlbefinden.*

Mit einem Lächeln erreichst du deine Mitmenschen direkt und wirkst gleichzeitig sympathischer. Ich finde den Satz von Pippi Langstrumpf einfach herrlich: »Warte nicht darauf, dass die Menschen dich anlächeln … zeig ihnen, wie es geht.«

Vielleicht fühlt sich das Lächeln, dass du auf der Straße einem Fremden schenkst, erst einmal etwas ungewohnt an. Ich habe die Erfahrung gemacht, dass mir dieses Lächeln sehr oft als Geschenk zurückkommt.

Möchtest du gerne ein Lächeln verschenken? Dann probiere die nächste Übung aus!

Übung 12:

Bei deinem nächsten Einkaufsbummel, einer Busfahrt oder beim Laufen auf einem belebten Weg: Nimm Blickkontakt zu Menschen auf, die du unterwegs triffst, und lächle sie einfach mal an. Deine einzige Intension hierbei ist, freundlich zu deinen Mitmenschen zu sein.

Welche Erfahrungen machst du oder hast du bereits gemacht? Wie fühlst du dich dabei?

Ein Lächeln ist sehr oft ansteckend und lässt deinen Gute-Laune-Pegel ansteigen. Ist ein Fehler oder Missgeschick passiert, dann hilft es dir auch, diese Situation mit einem Lächeln und Humor zu betrachten. In der Regel kannst du es ohnehin nicht rückgängig machen. Es gibt ein englisches Sprichwort,[11] welches frei übersetzt bedeutet: »Jammere nicht über verschüttete Milch.«

Es ist schwierig, die Milch wieder in die Tasse zu bekommen und deine Zeit zu kostbar für – meines Erachtens – unnötiges Schwelgen in negativen Emotionen. Wenn dein Kind zum Beispiel die Milch verschüttet, dann ist es meiner Meinung nach besonders wichtig, hier nicht loszubrüllen und ein Drama aus dieser Sache zu machen.

Die Aussage »Nimm beim nächsten Mal die Tasse mit zwei Händen, dann bleibt die Milch drin« ist für dein Kind eine Aufmunterung und verknüpft diese Aufforderung beim zukünftigen Milchtrinken positiv, anstatt dies durch ein verbales Donnerwetter negativ zu belegen.

Versuche, es entspannt zu sehen, und gieße die Milch neu ein. (*Sollte es der letzte Tropfen Milch gewesen sein, dann koche einen leckeren Tee* ☺.) Mehr über diese Art zu denken, findest du im Abschnitt »Kopf oder Zahl – du hast die Wahl«.

Auf den vorangegangenen Seiten habe ich meine Ideen zu positiven Gefühlen – und wie du selbst darauf Einfluss nehmen kannst – thematisiert. Dabei erscheint es mir notwendig, erneut anzumerken, dass es meiner Meinung nach nicht das Ziel ist, nur »gut drauf« zu sein. Es gibt in jedem Leben sicherlich Zeiten, die wunderschön sind und dann auch wieder Abschnitte, die eine echte Herausforderung darstellen. Um in diesen kleinen und großen Krisen den Blick auf das Licht am Ende des Tunnels nicht zu verlieren, sind mir diese Zeilen wichtig.

Als mein Mann nach dem Schlaganfall auf der Intensivstation behandelt wurde und wir in den ersten Tagen unter Schock standen, hat unsere damals 13-jährige Tochter gefragt: »Mama, dürfen wir jetzt nicht mehr lachen und Spaß haben?« Ich weiß noch, dass ich damals kurz nachgedacht und dann geantwortet habe: »Wir dürfen lachen und Spaß haben. Das ist sogar ganz wichtig. Denn wenn wir nur traurig sind, dann hat Papa auch keinen Spaß mehr mit uns!« Ich wusste, dass dies auch die Aussage meines Mannes gewesen wäre.

Wir sind dann am nächsten Tag nach dem Besuch im Krankenhaus abends ins Kino gegangen und haben uns einen lustigen Film angeschaut. Das hat an der Gesamtsituation auf den ersten Blick nicht viel geändert. Jedoch haben wir zusammen einen schönen Abend verbracht, der mir eine wundervolle Auszeit von den Sorgen geschenkt hat.

Wenn dir bewusst wird, dass DU deinen Weg bestimmen darfst, kannst du auch gegen den Strom navigieren.

Spann deinen Schutzschirm auf

Es gibt Momente im Leben, da fragst du dich: Bin ich hier eigentlich im falschen Film? Du hast das Gefühl, dass andere von außen über dich bestimmen. Du reagierst nur noch auf Ereignisse, obwohl du eigentlich agieren möchtest. Du bemerkst plötzlich, dass du dich wie in einem kleinen Tretboot auf dem Meer fühlst, während eine große Welle kommt und du nicht mehr steuern kannst.

Vielleicht sind es auch (neue) Menschen in deinem Umfeld, deren Werte und negative Einstellungen nicht deckungsgleich mit deinen Vorstellungen sind und die dich direkt angreifen? Was kannst du tun, wenn solche Veränderungen wie ein Regen auf dich herabprasseln und du diesen Menschen (noch) nicht aus dem Weg gehen kannst?

In diesen Situationen empfehle ich dir, einen imaginären Schutzschirm aufzuspannen. Die »Regentropfen« in Form von nicht gerechtfertigten Anschuldigungen, Vorwürfen oder auch Schuldzuweisungen können daran abprallen und du bist geschützt. Wenn du solche Situationen erlebt hast, dann ist die nächste Übung eine Möglichkeit, dich in einer ähnlichen Situation zukünftig besser vor Angriffen zu schützen.

Anleitung für die Nutzung des Schutzschirms:

Bleibe in einer unangenehmen Situation ruhig – hier hilft tief durchatmen enorm – und gehe folgendermaßen vor: Praktiziere eine aufrechte Körperhaltung, stelle dir vor, deine Füße sind fest verwurzelt – wie die Wurzeln einer alten Eiche, die dafür sorgen, dass der Baum beim Sturm stehen bleibt. Dann spanne deinen imaginären Schutzschirm auf. In Gedanken hältst du ihn mit einem starken Griff mit beiden Händen schützend vor dich. Alles Negative prallt an dir ab und dringt nicht zu dir vor. Du kannst nun überlegen, ob und wie du reagieren möchtest. Willst du etwas einfach nur daran abprallen lassen, dann stelle dir vor, wie der Schirm aussehen könnte: Vielleicht ist er grün mit pinken Elefanten darauf, die Rumba tanzen. Denk dir etwas Lustiges aus und lass dich nicht von einer miesen Stimmung anstecken!

> Übung 13:
> *Erinnere dich an eine unangenehme Situation, der du nicht entkommen konntest. Setz dich nun aufrecht hin. Stelle dir vor, deine Füße stehen auf dem Boden und sind fest verwurzelt. Gehe nach der Anleitung vor und lasse alles Negative abprallen. Spiele diese Situation in Gedanken nochmal durch und nutze deinen Schutzschirm.*
> *Deinen Schutzschirm kannst du - wenn du dich schützen möchtest - jederzeit aktivieren. Notiere, in welchen Situationen in der Vergangenheit dir der Schutzschirm eine Hilfe gewesen wäre. Dadurch trainierst du diese Vorgehensweise und kannst sie beim nächsten Mal leichter einsetzen.*

✎ _____

_____

Wenn es mal zu heftig wird und ich direkt angegriffen werde, dann reicht mir der Schirm nicht mehr. Hier hilft mir oft eine imaginäre Ritterrüstung, die ich in Gedanken anziehe. Ich stelle mir vor, dass an dem glänzenden Metall alles Negative abprallt *und ich vollkommen geschützt bin. Das musste ich auch erst trainieren und es hat mir seitdem in vielen unangenehmen Situationen geholfen. Dabei ist mein erstes Gebot, ruhig zu bleiben und nicht in den Kampfmodus überzugehen. Indem ich mir bewusst mache, dass zum Beispiel ein verbales Donnerwetter meines Gegenübers grundsätzlich mit seinen Gedanken und Emotionen zusammenhängt, übernehme ich diese nicht. Ich lasse es an mir vorbeiziehen und denke dabei »das ist nur seine/ihre Meinung«. Entscheidend ist für mich, dass ich mir meiner Wahlmöglichkeit im Hinblick auf meine Reaktion bewusst bin. Ich kann für mich entscheiden, wie ich reagiere. Die Antwort kann lauten: »Ich habe das Gefühl, dass du sehr aufgebracht bist. Wir können das gerne sachlich und in Ruhe besprechen.« Ich denke, das ist klüger, als emotional »zurückzuschießen« und nachher die gesagten Worte zu bereuen.*

Je nachdem ob ich mein Gegenüber gut kenne oder nicht, kann ich auch einfach denken »Friede sei mit dir« und die Situation verlassen. Notorische Nörgler sterben vermutlich nie aus und nicht jeder hat eine Reaktion verdient.

Ab und zu gerate ich auch in Rage und es gelingt mir nicht, einfach cool zu bleiben. Das ist dann eben so. Im Nachgang denke ich oft »das hättest du auch anders lösen können«. Ich gehe dann in die Situation gedanklich nochmal hinein und stelle mir vor, wie ich lieber reagiert hätte. So klappt es beim nächsten Mal hoffentlich besser. Ich sehe es als Lernerfahrung an und ärgere mich nicht endlos darüber.

Nur was wir selbst für möglich halten, können wir auch realisieren.

Handel nach deinem Drehbuch

Nicht bei jeder unangenehmen Gegebenheit muss der emotionale Schutzschirm, der im vorherigen Abschnitt erläutert wurde, hervorgeholt werden. Sicherlich hast du auch schon Momente erlebt, in welchen du im Nachhinein einfach nur gerne anders reagiert hättest. Um dich in ähnlichen Situationen zukünftig anders zu verhalten, kannst du die jeweilige Gegebenheit nochmal »nachbearbeiten«. Hierzu gehe gedanklich in diese Sequenz hinein und stelle dir vor, wie du gerne reagiert hättest. Du »drehst« in Gedanken quasi ein Video mit deiner gewünschten Reaktion. Dabei spüre auch in das Gefühl hinein, wie es sich anfühlt, wenn du souverän reagierst und handelst. Nimm dir Zeit und spiele jede Facette deines Videos durch, bis du sagen kannst: »Ja, genau so möchte ich beim nächsten Mal in dieser oder einer ähnlichen Situation handeln.«

Der Hintergrund für diesen mentalen Probelauf ist die Erkenntnis aus der Gehirnforschung, dass es für das Gehirn kaum oder keinen Unterschied macht, ob du dir Dinge »nur« vorstellst oder wirklich erlebst. Allein durch dieses Visualisieren entstehen im Gehirn neue Verknüpfungen. Um es auf den Punkt zu bringen: Du lernst.

Dieser mentale Probelauf ist auch ein gutes Training zur Vorbereitung für zukünftige Situationen, die für dich eine Herausforderung darstellen. Dies kann eine freie Rede, ein Auftritt, ein Vorstellungsgespräch, eine Verabredung oder ein wichtiges Treffen sein. Auch wenn du Änderungen innerhalb der Familie oder am Arbeitsplatz diskutieren möchtest oder musst, kann es hilfreich sein, diese Technik vorab anzuwenden. Hier gilt: »Einfach mal machen, könnte ja gut werden.« Entweder du hast Erfolg oder du lernst daraus und kannst es beim nächsten Mal besser machen.

Übung 14:
Wenn du eine herausfordernde Aufgabe vor dir hast, dann stelle dir diese vor und spiele sie in Gedanken vorab durch. Finde einen ruhigen Platz, an dem du nicht gestört wirst, und mach es dir bequem. Schließe deine Augen und überlege:

Wie möchte ich mich verhalten?
Was möchte ich erreichen?

Du bist in diesem Moment gleichzeitig Regisseur und Hauptdarsteller und drehst deinen mentalen Film. Stelle ihn dir vor, mit allen positiven Emotionen, die du gerne in dieser Situation erleben möchtest. Versuche, in die Gefühle einzutauchen und diese auch wirklich zu empfinden. Gehe alles bis zum Ende durch und konzentriere dich auf dein gewünschtes »Happy End«. Wie sieht dieses für dich aus und wie wirst du dich dann fühlen?
Was ist deine nächste Herausforderung? Auf welche Situation und welches Ereignis möchtest du dich vorbereiten? Wie ist der von dir gewünschte Ablauf hierzu? Notiere, was du gerne erreichen willst, wie du es umsetzt und dich dabei fühlen möchtest.

Ich habe von dieser Übung zum ersten Mal in einem Mentaltrainingskurs gehört. Als Beispiel wurde eine erfolgreiche Skiläuferin genannt, die ihr gesamtes Rennen und jede Kurve der Piste bis zum Zieleinlauf in Gedanken fährt und sich dann noch umdreht, um auf der Anzeigetafel ihren 1. Platz aufleuchten zu sehen, verknüpft mit der Freude über diese Platzierung.

Diese Technik wende ich zum Beispiel vor meinen Vorträgen an. Ich überlege, wie ich die Informationen unterhaltsam und interessant an meine Zuhörer weitergeben kann. In Gedanken gehe ich mögliche Fragen der Teilnehmer durch und visualisiere auch das Ende der Veranstaltung, so wie ich es mir wünsche. Mir hilft diese Übung, meine Aufregung im Zaum zu halten und ich fühle mich dann gut vorbereitet.

*Stell dir vor,
die Zukunft wird
wunderbar,
weil du sie
gestaltest!*

Kopf oder Zahl – du hast die Wahl

In diesem Abschnitt möchte ich zeigen, dass deine Einstellung zu den Aufgaben in verschiedenen Lebensbereichen entscheidend zu deinem Wohlbefinden und zu deiner Motivation beitragen kann.

Hörst du dich vielleicht oft sagen »ich muss …«? Oder erledigst du deine Aufgaben bereits mit der Auffassung »ich will«?

Hier ein Beispiel: Du kochst für die Familie jeden Tag ein leckeres Essen. Oft ist das neben den weiteren Aufgaben im Alltag auch zeitaufwendig und du hast nicht immer Spaß daran. (*Die Küche hinterher wieder in den ordentlichen Zustand zu bringen, mache ich auch eher ungern* ☺*).* Nun gibt es zwei Möglichkeiten, dies zu beurteilen: Entweder du sagst dir »ich *muss* jeden Tag für meine Familie kochen« oder du entscheidest dich direkt für »ich *möchte* jeden Tag für meine Familie kochen, weil es mir wichtig ist, uns eine gesunde Mahlzeit zuzubereiten. Ich finde es schön, wenn die Familie gemeinsam am Esstisch sitzt und die Zeit zusammen verbringt«.

Alternativ kannst du auch sagen: »Heute koche ich nicht. Jeder kann sich mittags ein Brot machen. Mir ist gerade … wichtiger.« Dann würde eventuell der eine oder andere in der Familie mal fragend dreinschauen und eventuell protestieren, aber die Welt geht davon nicht unter. Wenn der kochfreie Tag für dich mehr Freiheit bedeutet, dann ist das doch machbar, oder? Du kannst somit entscheiden zwischen »ich möchte kochen, damit jeder zufrieden ist« oder »ich möchte heute nicht und koche erst morgen wieder«.

Indem du dein »Warum mache ich das?« hervorholst, wird dir bewusst, ob du die jeweilige Aufgabe als »ich muss« oder doch eher als »ich möchte« empfindest. Wenn du dies erkennst, dann hast du die Freiheit, dich zu entscheiden, ob du die Tätigkeit, die du nicht mehr möchtest, weglassen oder ändern kannst.

Hier noch einige Beispiele wie du ein »ich muss« in ein »ich möchte« umwandelst:

Ich muss …	Ich möchte …, weil
… jeden Samstag den Hof fegen.	… samstags den Hof fegen, weil es dann vor dem Haus sauber ist und ich es so schöner finde. (Alternativ einfach mal ausfallen lassen.)
… das Auto waschen.	… das Auto waschen, weil ich nicht mit dem schmutzigen Auto herumfahren möchte.
… arbeiten und Geld verdienen, damit das Haus abbezahlt wird.	… an meiner Arbeitsstelle weiterhin tätig sein, weil es mir wichtig ist, mit meiner Familie in einem schönen Haus zu wohnen.
… für die Weiterbildung/Schule lernen.	… mich weiterbilden, da es mein Ziel ist, beruflich weiter voranzuschreiten.

… heute Abend noch zum Elternabend.	… meinem Kind zuliebe heute zum Elternabend, um mich mit anderen auszutauschen.
… die teure Autoreparatur durchführen lassen.	… dass das Auto in einem sicheren Zustand gefahren werden kann und lasse die Reparatur durchführen.
… die Unterlagen für die Steuererklärung zusammenstellen.	… die Unterlagen zusammenstellen, damit ich rechtzeitig die Steuererklärung abgeben kann, keine Mahnung erhalte und dann erleichtert bin, dass ich es erledigt habe.

Diese Beispiele lassen sich noch fortführen. Sofern du feststellst, dass dir das Ergebnis einer Tätigkeit nicht (mehr) wichtig ist, komme ins Handeln. Überlege dir, was du wie ändern kannst oder einfach nicht mehr machst.

Hier noch ein Beispiel: Wenn du eine Arbeitsstelle hast, die dich zu sehr in Anspruch nimmt, schaue nach Alternativen. Gibt es andere Tätigkeiten, die du dir eher vorstellen könntest? Oder ist dein Arbeitsplatz bei genauem Hinsehen doch ganz gut und durch kleine Veränderungen könntest du wieder Spaß an der Tätigkeit haben? Gerade, wenn du unzufrieden mit etwas bist, schreibe eine Pro- und Contra-Liste. Versuche, das Ganze von verschiedenen Standpunkten zu betrachten. Vielleicht stellst du dann fest, dass es doch mehr Punkte gibt, warum du daran festhalten *möchtest*. Genau hier ist der Punkt erreicht, wo du sagst: »Ich möchte diese Tätigkeit weiterhin ausführen«. Dadurch wird dir deine Wahlfreiheit bewusst. Denn du kannst grundsätzlich jederzeit deinen Job kündigen, mit allen Konsequenzen, die damit verbunden sind.

Vielleicht bedeutet dies eine zeitweise Arbeitslosigkeit, Engagement für neue Bewerbungen und geringere Einnahmen. Mache dir bewusst, dass du eine Wahl hast. Diese Wahlmöglichkeit kann auch bedeuten, dass du weiter an der aktuellen Arbeitsstelle festhältst – du hast sicher hierfür einen guten Grund. In diesem Fall entscheidest du dich für die derzeitige Arbeitsstelle und gegen das Suchen einer neuen Stelle. Lege den Fokus auf die Frage: Welche Veränderungen sind innerhalb der bestehenden Tätigkeit eventuell möglich?

Alternativ kannst du auch ein neues Ziel anvisieren und während des bestehenden Jobs nach anderen Optionen Ausschau halten. Meiner Meinung nach kommst du auf diese Weise vom »ich muss« zu »ich möchte« oder du erkennst: »Ich lasse es und mache es zukünftig anders«. Dadurch hast du die Möglichkeit zu mehr Eigenverantwortlichkeit.

Ein Freund hatte sich in seiner Führungsposition nicht mehr wohlgefühlt und dies auch körperlich gespürt. Er wurde sich dieser Situation bewusst und hat nach Alternativen innerhalb des Unternehmens Ausschau gehalten. Gleichzeitig überlegte er, was seine zukünftige Tätigkeit sein könnte und inwiefern diese Veränderung für das Unternehmen eine gute Lösung wäre, um eine Win-Win-Situation zu schaffen. Seine Vorgesetzten konnte er mit seinem Vorschlag überzeugen. Nun geht er wieder zufrieden zur Arbeit und hat Spaß daran. Er hat sich bewusst gegen die bisherige Führungsposition entschieden. Der ein oder andere mag diesen Schritt vielleicht als Rückschritt sehen. Für ihn jedoch war dies ein gewaltiger Schritt nach vorne, was seine Lebensqualität, die Zufriedenheit und den Spaß an der Arbeit betrifft. Somit stehen für ihn das eigene Wohlbefinden und die Gesundheit wieder im Fokus.

Den Mut haben, etwas zu tun, ohne sich um die Meinung anderer zu scheren – es gibt viele Menschen, die sich das (noch) nicht trauen. Mir fällt das auch manchmal schwer. Dabei finde ich es erstrebenswert, unabhängig von den Meinungen anderer zu sein. Aus diesem Grund habe ich es dann doch gewagt, mein erstes Buch zu veröffentlichen.

Mein Standpunkt ist, dass niemand ein Recht hat, über andere zu urteilen. Denn ich weiß nicht, was der andere bereits erlebt hat oder vor welchen Herausforderungen er derzeit steht.

Übung 15:
Ich bin der Meinung, dass wir Dinge immer von zwei Seiten betrachten können. Von welchen deiner täglichen Arbeiten denkst du »ich muss«? Nutze die Chance und schreibe sie hier direkt hin. Erkenne dein »Warum?« und mache aus dem »ich muss« ein »ich möchte, weil ...«. Finde deine positive Sichtweise hierzu.
Wenn du nun bei der Übung Dinge entdeckst, die du nicht positiv umwandeln kannst, dann überlege, ob du sie verändern oder damit aufhören kannst. Sofern dir das NEIN-Sagen noch schwerfällt, hole dir hierfür Inspirationen im Kapitel »NEIN sagen, damit dein JA zu dir gelingt«.

Nicht nur bei deinen täglichen Aufgaben hast du die Wahl, wie du diese betrachtest. Mit der folgenden Begebenheit möchte ich zeigen, dass du jeden Tag neu entscheiden kannst, wie du auf Gegebenheiten reagierst und diese für dich einordnest. Die Änderung des gewohnten Blickwinkels ist erlernbar und setzt voraus, dass du in unangenehmen oder ärgerlichen Situationen nicht gleich an die Decke gehst, sondern erstmal durchatmest, überlegst und dann bewusst reagierst. Ich habe die Erfahrung gemacht, dass es mit Humor wesentlich einfacher ist, frustrierende Situationen zu entschärfen und eine Lösung zu finden.

Mein Mann hatte Ersatzteile für den alten Traktor bestellt. Er wartete auf die Lieferung und über die Sendungsverfolgung konnten wir sehen, dass das Paket bereits drei Tage im Paketzentrum lag. Er hat sich über die Verzögerung geärgert, weil er das Ersatzteil gerne einbauen wollte und meinte, wir müssten mal nachfragen, warum das Paket nicht geliefert wird. Also haben wir eine Mail an den Paketdienst gesandt und nachgefragt, wann das Paket ausgeliefert wird. Die nächsten beiden Tage erfolgte keine Rückmeldung. Mein Mann wurde langsam unruhig und war zusehends genervt, da das Paket per Vorkasse bereits bezahlt war. Ich habe mich auf den Ärger dann einfach nicht eingelassen und folgende Mail abends an den Paketdienst geschrieben: »Sehr geehrte Damen und Herren, das Paket mit der Nr. 451299758 wartet seit fünf Tagen in Ihrem Paketzentrum auf seine Zustellung. Vermutlich haben Sie es übersehen, so dass es jetzt einsam und allein in einer Ecke liegt und traurig ist, weil es vergessen wurde. Wir würden uns freuen, das Paket bald bei uns zuhause zu begrüßen. Wenn wir etwas tun können, um bei der Zustellung des traurigen Pakets behilflich zu sein, dann lassen Sie es uns wissen. Ich freue mich auf Ihre Rückmeldung, gerne auch schon morgen. Mit freundlichen Grüßen Stefanie Weber«

Am nächsten Tag hatte ich um 9 Uhr den Rückruf vom Paketzentrum. Leider konnte ich nicht direkt das Telefonat annehmen und habe dann kurz darauf zurückgerufen. Ich habe die Paketnummer genannt und die Dame am Telefon hat schon gelacht »Sie rufen wegen dem einsamen Paket an«. Sie hat dann auch die Verzögerung erklärt: Durch eine Baustelle in unserer Straße konnte es nicht zugestellt werden. Ich habe ihr dann die mögliche Umleitung geschildert, so dass der Paketfahrer uns zwei Tage später dann doch noch gefunden hat.

Diese Begebenheit zeigt, dass diese Beschwerde – kreativ formuliert – viel schneller eine Rückmeldung erreicht hat als die Nachfrage zwei Tage zuvor. Lasse ich eine Beschwerdetriade los, dann bin ich auf Ärger und Wut fokussiert. Durch das kreative Nachfragen habe ich die Mitarbeiterin beim Paketdienst zum Handeln motiviert und wir hatten auch noch Spaß dabei.

Wie oft passiert es, dass wir wütend oder ärgerlich eine Antwort geben? Die Emotionen zuzulassen ist meines Erachtens auch völlig ok. Die Frage ist nur, ob du nicht mehr erreichst, wenn du erstmal nachdenkst und versuchst, das Problem von einer anderen Seite zu sehen. Vielleicht gibt es ja Möglichkeiten, in einer positiven Art und Weise zu reagieren, die dein Gegenüber erstaunt, weil es das so nicht erwartet hat.

Je mehr wir uns auf die Sorgen fokussieren, umso besser können sie gedeihen.

Lösungs- oder Problemrahmen – in welchem steckt dein Porträt?

Ein Kollege hat mich vor vielen Jahren einmal gefragt: »Weißt du, was Nipsild bedeutet?« Ich hatte den Begriff nie zuvor gehört und konnte zu dieser Zeit damit nichts anfangen. Hier ist die Erklärung: Es ist die Abkürzung von

- ✓ **N** icht
- ✓ **I** n
- ✓ **P** roblemen
- ✓ **S** ondern
- ✓ **I** n
- ✓ **L** ösungen
- ✓ **D** enken

Ich finde die Aneinanderreihung dieser Buchstaben und deren Botschaft sehr inspirierend. Es ist eine wundervolle Einstellung, um sprichwörtlich »die Kuh vom Eis zu bekommen«. Denn mit dieser Betrachtungsweise liegt der Fokus auf der Lösung des Problems und verharrt nicht bei dem Problem selbst.

Wenn du zum Beispiel durch den Wald mit dem Fahrrad fährst und ein Baum quer über dem Weg liegt, dann wirst du nicht stur den Baum anstarren, sondern den Fokus wechseln. Du schaust nach rechts und links, um zu sehen, wie du am besten auf dem Fahrrad oder zu Fuß um den Baum herumkommen kannst, um deine Tour fortzusetzen.

Fokussierst du dich in erster Linie auf Negatives oder auf

die Dinge, die im schlimmsten Fall passieren könnten, dann ist es mit diesem negativen Fokus bedeutend schwerer, eine Lösung zu finden. Immer wieder erlebe ich, dass Menschen sich beklagen und jammern angesichts ihrer Herausforderungen. Sie wälzen ihre Probleme von rechts nach links und kommen nicht voran, weil sich ihr Rad der negativen Emotionen solange weiterdrehen wird, bis der Fokus irgendwann weg vom Problem hin zur Lösung gelenkt wird.

Wie schaffst du es, den Fokus auf die Lösung zu legen?

In Lösungen zu denken bedeutet für mich, sich die folgenden Fragen zu stellen: Welche Ideen habe ich, um das Problem zu lösen? Schaffe ich es allein oder benötige ich Hilfe? Wer kann mir dabei helfen und ist Fachmann oder Fachfrau für diese Aufgabe? Wer hat Erfahrung in diesem Bereich und kann einen Experten empfehlen?

Während der Akutphase des Schlaganfalls bei meinem Mann haben diese Fragen bei mir zu vielen Handlungsimpulsen geführt. Mit dem Thema Gehirnerkrankungen hatte ich mich bis zu diesem Zeitpunkt noch nicht beschäftigt. So habe ich mich auch nicht von den negativen Prognosen des Oberarztes lähmen lassen, sondern konsequent nach Informationen und Hilfe bei Betroffenen und deren Familien Ausschau gehalten. Diese Gespräche und Empfehlungen haben es unter anderem möglich gemacht, dass die Therapiefortschritte die Prognosen des Arztes übertroffen haben. Ich bin heute noch dankbar und freue mich, dass so viele Menschen bereit sind, ihre Erfahrungen zu teilen.

Inzwischen nutze ich eher selten das Wort »Problem« und versuche es vielmehr als »Herausforderung« zu sehen. Grundsätzlich sind Herausforderungen oft eine Möglichkeit, innere Stärke zu entwickeln und daran zu wachsen.

Auch bei kleineren Herausforderungen ist es hilfreich, den Fokus auf die Lösung zu legen: Wenn am Abend die Eierschachtel aus dem Kühlschrank fällt, die Eier zu Bruch gehen und nun zum Kuchenbacken für das Schulfest fehlen, dann frage doch mal bei der Nachbarin nach oder überlege, was du alternativ zu dem Fest mitbringen kannst. Dich jetzt über die Eier auf dem Küchenboden zu ärgern, macht die Sache auch nicht besser. Je mehr du dich ärgerst und hineinsteigerst, umso schlechter wird deine Laune. Das hilft dir nicht und sorgt vielmehr dafür, dass dein Umfeld auch noch mies drauf ist. Wenn du es extrem positiv betrachten möchtest, kannst du auch denken: Wenn ich jetzt die Eier aufgewischt habe, bin ich sogar früher fertig. Das Kuchenbacken hätte viel länger gedauert. Ich gehe morgen zum Bäcker, kaufe einen leckeren Kuchen und nutze diese Zeit jetzt für mich ☺.

Diese Herangehensweise ist dir vermutlich etwas ungewohnt. Auch hier macht die Übung die Meisterin oder den Meister. Es bedeutet ja nicht, dass du deinen Ärger hinunterschlucken sollst. Es geht vielmehr darum, diesen kurz rauszulassen und dann den Fokus auf die Lösungsmöglichkeiten zu legen, anstatt beim Problem zu verharren. Indem man es aus einem humorvollen Blickwinkel betrachtet, kann daraus noch etwas Lustiges werden.

Wenn du es schaffst, Missgeschicke mit einem Augenzwinkern zu betrachten, hast du die Chance, auch mal über dich selbst zu lachen. Das setzt dann die sogenannten Glückshormone frei und bringt mehr Lebensfreude zu dir.

Übung 16:
Nimm dir einen Moment Zeit, um über deine aktuelle Strategie bei auftretenden Herausforderungen nachzudenken. Kannst du dich an eine konkrete Situation erinnern, in der du mit einem Problem konfrontiert warst? Worauf hast du dich fokussiert – auf die Lösung oder das Problem? Welche Emotionen hattest du dabei (Wut, Angst, Zweifel, Pessimismus oder eher Zuversicht, Glaube an eine Lösung/Hilfe)? Notiere hier, wie du beim nächsten Mal in einer ähnlichen Situation positiver reagieren kannst. Wie sieht eine mögliche Lösung aus?
Alternativ kannst du dir auch ein aktuelles »Problem« anschauen, um hierfür Lösungsmöglichkeiten zu finden.

Die beiden Weisheiten: »Tadellos sind nur die Tatenlosen« und »Wo gehobelt wird, da fallen Späne« möchte ich dir gerne noch auf deinen Lösungsweg mitgeben. Wenn etwas mal nicht auf Anhieb funktioniert, dann richte auch hier den Blick in Richtung deiner Lösungsmöglichkeiten. Du hast keinen »Fehler« gemacht, sondern nur entdeckt, wie etwas nicht klappt.

Eine Verknüpfung aus lösungsorientiertem Vorgehen und den Ideen aus dem Abschnitt »Handel nach deinem Drehbuch« ist für mich eine empfehlenswerte Option, um ein Vorhaben erfolgreich umzusetzen.

Von meinen Eltern habe ich die Einstellung »Was wir nicht können, das lernen wir!« übernommen. Diesen Satz finde ich persönlich sehr motivierend. Bei uns zuhause war es auch in Ordnung, Fehler zu machen und ich durfte vieles in der Küche, im Nähzimmer oder der Werkstatt ausprobieren. Aus Missgeschicken konnte ich lernen und wenn mal etwas schiefging, dann war das keine Katastrophe. Oftmals ist diese Art zu lernen nachhaltiger, als etwas im ersten Anlauf sofort zu können: Bei meinem ersten selbstgebackenen Kuchen habe ich das Backpulver vergessen. Geschmacklich war das Ergebnis super, nur der Teig war relativ kompakt. Wir haben es dann in Zitronenkekse umbenannt und diese uns schmecken lassen. Das Backpulver habe ich seit dieser Erfahrung beim Kuchenbacken nie mehr vergessen ☺.

Diese Erfahrung zeigt, dass es für dein persönliches Wohlbefinden weitaus besser ist, die Erfahrung zu betrachten, die du durch den Fehler gewonnen hast, anstatt dich nur darüber zu ärgern. Damit stellst du die Situation in einen positiven

Kontext, fokussierst dich auf den Lerneffekt und hängst nicht mit negativen Emotionen in der Vergangenheit fest oder ärgerst dich nicht noch lange über die vermeintliche »Panne«.

> Übung 17:
> Stehst du aktuell vor einer Herausforderung und kommst nicht wirklich voran? Dann stelle dir jetzt die folgenden Fragen und richte deinen Fokus auf die Lösung: Wie kann ich diese Herausforderung angehen? Welche Möglichkeiten habe ich? Schaffe ich es allein oder benötige ich Hilfe? Wer kann mir dabei helfen und ist Fachfrau oder Fachmann für diese Aufgabe? Wer hat Erfahrung in diesem Bereich und kann eine Expertin oder einen Experten empfehlen?
> So kommst du ins Handeln und bist auf dem Weg zu einer Lösung.

Wer freundlich
mit sich selbst
umgeht,
hat immer
einen Freund
an seiner Seite.

Ein magischer Weg für deine Entwicklung

In diesem Abschnitt möchte ich dich zum Nachdenken über folgende Fragen einladen:

Welche Unterhaltungen (inneren Dialoge) führst du mit dir selbst?

Ist deine Einstellung dir selbst gegenüber positiv oder eher negativ?

Traust du dir etwas Neues zu oder glaubst du oft bereits im Voraus, dass diese neue Idee nichts für dich ist?

Ein Meilenstein für die Entwicklung innerer Stärke sind positive, anspornende Worte, die du an dich selbst richtest. Die Art und Weise, wie du mit dir selbst kommunizierst und über dich denkst, hat großen Einfluss auf deine innere Stärke. Wenn du zum Beispiel glaubst »Ich kann das nicht« oder »Dazu bin ich zu ungeschickt«, dann ist es umso schwieriger, das gewünschte Ziel zu erreichen. Hinterfrage deine negativen Glaubenssätze: *Ist das wirklich wahr?* Mein Tipp für diese Gedanken ist: *Glaube nicht alles, was du denkst!* Bei Herausforderungen läuft nicht immer alles reibungslos. Die Möglichkeit, dies als Lernschritt zu sehen, habe ich bereits angeführt. Nun gehe ich einen Schritt weiter. Auch bei einem vermeintlichen Misserfolg hast du die Möglichkeit, diese Erfahrung ins Positive zu drehen: »Ich war mutig und habe etwas Neues gewagt. Es hat so noch nicht funktioniert, das habe ich nun gelernt. Da es mir wichtig ist, einen Weg zu finden, überlege ich nun, was ich tun oder ändern kann, um mein Ziel zu erreichen.«

Ich habe vor Kurzem einen Übungsraum für eine Gehirntrainingsgruppe gesucht und überlegte, welche Orte für das Training geeignet wären. Beim favorisierten Studio habe ich zweimal telefonisch angefragt und nach drei Tagen noch keinen Rückruf erhalten. Da es wichtig war, kurzfristig einen Raum zu finden, habe ich es dann einfach beim nächsten Studio versucht und diesmal eine schriftliche Anfrage gestellt. Bei diesem Versuch war dann innerhalb von 24 Stunden alles geklärt.

Wenn eine Idee funktioniert und mein geplantes Ziel erreicht wird, dann klopfe ich mir in Gedanken auch mal begeistert auf die Schulter und freue mich darüber.

Dieses »sich selbst loben« ist meiner Meinung nach enorm wichtig für die eigene Motivation und bringt die Entwicklung hin zu innerer Stärke voran. Gleichzeitig ist diese Einstellung eher unüblich. Vieles, was wir bereits gut können, nehmen wir und manche unserer Mitmenschen als selbstverständlich an. Dabei ist es doch schön, auch mal ein Lob zu erhalten. Wenn es schon anderen nicht mehr auffällt, was du alles gut kannst, dann lob dich doch einfach selbst und freue dich, dass du diese Fähigkeit hast.

Übung 18:

Denke einmal darüber nach, was dir gut gelingt. Welche Talente und Fähigkeiten hast du? Berücksichtige auch alltägliche Aufgaben wie Kuchen backen, das Zimmer neu streichen, einen Geburtstag organisieren, die kaputte Kinderhose reparieren, leckere Grillsteaks zaubern etc. Freue dich einfach mal über all die Dinge, die du gut meisterst, und notiere sie.

Ich kann gut ...

In dieses positive Selbstcoaching kannst du jederzeit einsteigen. Der Grundgedanke besteht darin, sich selbst als Coach zu verstehen und das Vertrauen zu haben, bei Herausforderungen eigenständig Lösungswege zu finden.

Dies beinhaltet auch eine Selbstreflexion – quasi einen internen Dialog mit dir selbst. Das eigene Verhalten wird aus der Vogelperspektive beobachtet. Hierbei machst du dir bewusst:

Wie ist meine aktuelle Befindlichkeit?
Wo stehe ich gerade?
Was genau kann ich jetzt in diesem Moment tun, damit es mir besser geht?

Mit diesen Fragen kannst du dein Denken und Handeln reflektieren. Sie können dir helfen, dein Leben mit mehr Eigenverantwortung zu gestalten. So kannst du Schritt für Schritt in die Richtung deiner Ziele und Wünsche gelangen. Wenn du weißt, wohin du möchtest, kannst du auch zielgerichtet losgehen. Denn wenn es dir nicht bewusst ist, was du wirklich willst, dann schwimmst du eher mit dem Strom und reagierst nur, anstatt dich aktiv für dich selbst zu engagieren. Solltest du dir den Start zu diesem Prozess nicht allein zutrauen, so kann es hilfreich sein, einen Mentor, Coach oder Berater zu finden, mit dem du gemeinsam in diese Richtung gehen kannst und der dich unterstützt, deine Antworten zu finden und in die Umsetzung zu gehen.

Das positive Selbstcoaching und der innere Dialog sind meine Hilfsmittel bei Herausforderungen. Wenn ich eine eher schlechte Stimmung bei mir feststelle, dann trete ich gedanklich einen

Schritt zur Seite und werde mir zuerst meines Gemütszustandes bewusst. Aus dieser Perspektive schaue ich dann, was ich tun kann, damit es mir besser geht. Oder ich frage mich, welchen positiven Aspekt könnte es hierbei geben? Ein positiver Bezug ist nicht immer sofort zu erkennen und manchmal auch gar nicht.

Dann hilft es, für eine Zeit auch mal traurig zu sein oder Tränen zu vergießen, damit dieses Gefühl einfach raus- und losgelassen wird. Das steht jedem von uns einfach zu! Nach einer Weile sage ich mir dann: Stopp! Jetzt ist es genug. Ich schaue dann nach vorne und fokussiere mich auf die Lösungsmöglichkeiten. Am besten hilft mir dabei ein Spaziergang im Wald. Hier bin ich für mich allein, kann nachdenken, neue Kraft tanken und Lösungsideen in der Stille der Natur finden.

Im Hinblick auf Erfolge und Herausforderungen möchte ich hier noch Folgendes anmerken: Der Weg zu deinen Zielen und Wünschen geht oft über eine Erfolgstreppe. Es ist keine Gerade, die kontinuierlich nach oben verläuft. Manchmal wirst du das Gefühl haben, es geht nicht wirklich voran oder sogar mal eine Stufe zurück.

Ich möchte diesen Prozess am Beispiel »eine neue Sportart lernen« erläutern. Wenn du mit dem Sport beginnst, hast du schon nach kurzer Zeit kleine Erfolge und siehst die Fortschritte. Dann folgt oftmals eine Phase, in der du trainierst und keine wirklich großen Trainingsfortschritte bemerkst. Trainierst du jedoch fleißig weiter, dann erreichst du den Punkt, an welchem du die nächste Stufe der Erfolgstreppe erklimmst. In den Phasen zwischen diesen Stufen ist es für die weitere Entwicklung entscheidend, die Motivation nicht zu verlieren. Für deinen Erfolg wird es wichtig sein, in dieser

Phase dranzubleiben, dich selbst zu motivieren, um am Ende dein Ziel zu erreichen.

Dieses Erfolgsgeheimnis finde ich so wichtig, dass ich der Erfolgstreppe ein eigenes Kapitel am Ende dieses Buches gewidmet habe.

Übung 19:
Stelle dir die folgenden Fragen und schreibe die Antworten sowie die Emotionen, die du damit verknüpfst, auf.

1. *Wie gut geht es dir aktuell auf einer Skala von 1 bis 10 (10 = fantastisch ... 1 = extrem niedergeschlagen)?*
2. *Was müsste geschehen, damit du die 10 erreichst oder du dich ihr zumindest näherst?*
3. *Wie sieht dieser Wunsch/dieses Ziel genau aus?*
4. *Wie würdest du dich fühlen, wenn du dein Ziel erreichst?*
5. *Was ist der erste Schritt, um dieses Ziel zu erreichen?*

Starte die Umsetzung!

Wenn du den ersten Schritt realisiert hast, dann kannst du dich auf den darauffolgenden Schritt konzentrieren, um diesen wiederum umzusetzen, und die nächste Stufe auf der Erfolgstreppe zu besteigen.

1. Mein aktuelles Befinden auf einer Skala von 1 bis 10:

✎ _____

_____

2. Wie würde es sich anfühlen, wenn ich die 10 bereits erreicht habe? (zum Beispiel: freudvoll, begeistert, zufrieden, angstfrei, frei von Sorgen, fit und gesund, mutig ...)

✎ _____

_____

_____

_____

_____

_____

_____

_____

3. Wie sieht mein Wunsch/Ziel konkret aus? Hier bitte eine genaue Vorstellung notieren. Wie sieht mein Zielbild aus? (zum Beispiel: Ziel: Mehr Zeit für mich nehmen: Was mache ich während dieser Zeit? Wann genau - Wochentag und Uhrzeit - nehme ich sie mir? Wie würde ein Foto von mir während dieser Zeit aussehen? → Gestalte in deiner Vorstellung ein »Zielbild«.)

4. Was ist mein erster Schritt, um dieses Ziel zu erreichen? (zum Beispiel: Zeit für mich im Kalender eintragen, NEIN sagen zu Dingen, die ich nicht mehr möchte, Inspiration und Unterstützung finden ...)

5. Ich starte in die Umsetzung und bleibe dran!
(Hier hast du die Möglichkeit, deine Erfahrungen zu notieren.)

Lerne »Nein« zu sagen,
sonst wird aus dir
das
»Mädchen-für-alles«.

NEIN sagen, damit dein JA zu dir gelingt

Jedes NEIN zu Dingen, die nicht zu deinen Wünschen und Zielen passen, ist ein JA zu dir und allem, was dir wichtig ist. Zugleich ist es sehr wirkungsvoll, um mehr Zeit für dich selbst zu schaffen. Du bist die »Hüterin« oder der »Hüter« deiner Zeit und ich habe am Anfang des Buches bereits aufgeführt, wie wichtig die Selbstfürsorge für dich und auch dein Umfeld ist.

Wie schaffst du es, NEIN zu sagen?

Du bist nicht verpflichtet, sofort zuzusagen, wenn dich jemand um einen Gefallen bittet, und darfst erwidern: »Ich denke darüber nach und gebe dir bis heute Abend/morgen/nächste Woche eine Rückmeldung.« So kannst du in Ruhe nachdenken, ob du deine Zeit dafür investieren möchtest. Vielleicht besteht ja auch die Möglichkeit, dass die Person, die die Anfrage stellt, etwas anderes für dich erledigen kann und du somit den zeitlichen Freiraum gewinnst, ihrer Bitte nachzukommen.

Der Vorteil eines NEIN nach reiflicher Überlegung liegt auch darin, dass bei einem sofortigen NEIN oftmals das Gegenüber versucht, doch noch eine Zusage von dir zu erhalten. Vielleicht gelingt ihm das auch, wenn du im NEIN sagen noch nicht genügend Erfahrung und Training hast. Wenn du beim nächsten Mal mit einem Auftrag konfrontiert wirst, den du keinesfalls erledigen möchtest, dann denke über folgende Antwortmöglichkeiten nach: »*Ich bin gerade ziemlich eingespannt. Ich schaue, ob ich es zeitlich noch schaffe und sage dir morgen Bescheid.«* Das Nachdenken kannst du dir dann ersparen, da du ja weißt, dass du es nicht noch zusätzlich zu deinen Aufgaben erledigen möchtest. Bei der Absage ersparst du dir oftmals ein penetrantes Nachfragen, da dein Gegenüber davon ausgeht, dass du es dir reiflich überlegt hast.

Besonders bei quengeligen Anfragen von Kindern ist diese Vorgehensweise zu empfehlen. Sie erspart ein »Ich will aber!« nach der direkten Ablehnung und gibt dir die Möglichkeit, in Ruhe und stressfrei zu reagieren.

Im beruflichen Kontext kannst du auch durchaus nachfragen, welche deiner anderen Aufgaben du weglassen kannst, wenn der neue Auftrag vorgezogen werden muss.

Wie gelingt es dir, ein freundliches NEIN zu formulieren?

Hier sind fünf verschiedene Ansätze:[12]

- ✓ Verständnis zeigen: »*Ich verstehe, dass du das gerne erledigt hättest, doch ich bin heute so eingespannt, dass ich es nicht noch zusätzlich erledigen kann.*«
- ✓ Bedanken: »*Vielen Dank, dass du an mich gedacht hast. Ich habe allerdings schon so viele Termine.*«
- ✓ »*Das ist sehr nett, dass du mir das zutraust, aber ich schaffe das im Moment nicht.*«
- ✓ Humor: »*Ich habe so viele Anfragen, dass ich bald einen eigenen Fahrservice gründen könnte. Ich bin momentan schon so viel unterwegs, dass ich leider keine zusätzlichen Fahrten übernehmen kann.*«

- ✓ Zeitlich begrenztes NEIN: *»Ich bin bis 17 Uhr in der Arbeit und kann es dann heute Abend für dich erledigen.«*
- ✓ Vorschlag zur Lösung: *»Ich schaffe es nicht, dir die Torte an diesem Tag zu backen. Möchtest du das Rezept von mir haben? Ich kann dir aber gerne als Alternative zwei Tage vorher Nussecken backen, die kannst du dann am Geburtstag für das Kuchenbuffet nutzen.«*

Für ein JA zu mehr Zeit für deine Ziele und Wünsche empfehle ich auch die eigenen Ablenkungen zu prüfen und – wenn es dir wichtig ist – zu überdenken:

Ein NEIN zu kleineren ständigen Ablenkungen, kannst du selbst entscheiden. Ich denke hier zum Beispiel an »kurz nochmal die WhatsApp-Nachrichten und sonstigen sozialen Netzwerke prüfen/die Serie schauen etc.«. Schnell summiert sich hier die Zeit, die du im Nachhinein vielleicht nachhaltiger mit dem Fokus auf dein Ziel verbracht hättest.

Wenn du nicht direkt auf eine Rückmeldung von jemandem wartest, dann schalte doch einfach zwischendurch mal dein Handy auf »bitte nicht stören« ☺. Du kannst dir ja einen späteren Zeitraum reservieren, in welchem du die Nachrichten bearbeitest.

Übung 20:
Möchtest du zukünftig NEIN und damit JA zu dir sagen? Fällt dir spontan ein Ereignis ein? Stelle dir eine konkrete Situation vor und überlege, wie du reagieren möchtest. Was kannst du sagen? Notiere zuerst mögliche Situationen. Schreibe danach auf, auf welche Art und Weise, du die Umsetzung realisieren möchtest. Werde konkret und beginne hier mit einer Sache, die du auch direkt umsetzen möchtest. Überlege, was du dadurch für dich gewinnst und notiere dies ebenfalls.

Ich möchte NEIN sagen zu:

*So möchte ich das **NEIN** umsetzen:*

✎

Das gewinne ich durch mein erfolgreiches NEIN:

Ändere deinen Fokus und du änderst deine Welt!

Was packst du in deine Tüte?

Vielleicht fragst du dich jetzt: Welche Tüte? Ich meine die Tüte, in welche du im übertragenen Sinn die Dinge packst, die maßgeblich auf deinen mentalen Zustand einwirken, auf deine Gedanken und Emotionen, wie zum Beispiel Ängste, Sorgen, Mut, Freude und Zuversicht.

Hierzu habe ich eine wundervolle Geschichte von Anna Egger für mehr Fokus auf positive Emotionen gefunden:[13]

Die gelbe Tüte

Ein Mann saß auf einer Parkbank, traurig und bedrückt. Er dachte über sein Leben nach und darüber, was alles schieflief. Ein kleines Mädchen, das durch den Park schlenderte, sah den Mann, bemerkte seine Stimmung und setzte sich zu ihm auf die Bank. Sie fragte ihn: »Warum bist du denn so traurig?« Der Mann antwortete geknickt: »Ach, weißt du, ich habe keine Freude im Leben. Ich weiß nicht, wie es weitergehen soll, alles und alle haben sich gegen mich verschworen und nichts läuft so, wie es soll.«

Das Mädchen schaute verwundert und fragte: »Wo hast du denn deine gelbe Tüte? Darf ich sie mal sehen?« Der Mann verstand nicht und erwiderte: »Was für eine gelbe Tüte? Ich hab' nur eine schwarze.« Schweigend gab er dem Mädchen die schwarze Tüte. Behutsam öffnete die Kleine die schwarze Tüte und sah hinein. Das Mädchen erschrak und sagte entsetzt: »Das sind ja nur schlimme Erlebnisse, Alpträume, Unglück, Schmerz und Leid!« Der Mann entgegnete traurig: »Das ist eben so, da kann ich nichts machen.«

»Hier, schau«, sagte die Kleine und reichte dem Mann eine gelbe Tüte. Etwas unsicher öffnete der Mann diese, und er sah ganz viele schöne Dinge: Sonntage, glückliche Stunden, Lachen, Freude, Unbeschwertheit und Zufriedenheit.

Er wunderte sich, da das Mädchen noch jung war und fragte: »Wo ist deine schwarze Tüte?« Die Kleine antwortete keck: »Die werfe ich jede Woche in den Müll und kümmere mich nicht mehr darum! Ich denke, es ist viel schöner und sinnvoller, meine gelbe Tüte immer weiter zu füllen. Da stopfe ich so viel wie möglich hinein und immer, wenn ich Lust dazu habe oder traurig bin, schaue ich hinein. Dann geht es mir gleich wieder besser. Wenn ich dann alt bin, habe ich eine ganz volle Tüte und kann mir viele schöne Erinnerungen anschauen.«

Der Mann war verblüfft. Und als er noch über die Worte der Kleinen nachdachte, war diese bereits verschwunden. Neben ihm lag eine gelbe Tüte auf der Bank. Er öffnete sie zaghaft und sah, dass sie fast leer war. Nur ein herzliches Gespräch mit dem kleinen Mädchen war darin.

Der Mann lächelte und stand auf. Er nahm die gelbe Tüte mit. Auf dem Heimweg entsorgte er seine schwarze Tüte im nächsten Müllkübel.

Zu entscheiden, was in die eigene mentale Tüte kommt, ist für mich ein Bestandteil der persönlichen Freiheit. Du kannst frei entscheiden, welche Dinge du in die Tüte packst, die du entsorgst. Sind dies Situationen, in welchen du dich ungerecht behandelt gefühlt hast oder verletzt wurdest? Überlege, ob es mit dir zu tun hat und du den ganzen Ärger und die Verletzungen überhaupt annehmen möchtest. Gehören diese Dinge wirklich zu dir oder kannst du sie einfach an die betreffende Person mental »zurückgeben«? Frage dich in diesen Situationen einfach: Ist das tatsächlich mein Problem oder ist es nicht doch eher das Problem der anderen Person? In diesem Fall kannst du es in eine Tüte packen und diese Tüte einfach in Gedanken vor deren Türe stellen und damit zurückgeben. Alternativ stellst du dir vor, du stehst auf einer Brücke, wirfst das Problem in einen rauschenden Fluss und lässt es innerlich los.

Passende Gedanken zum Thema Wahlmöglichkeiten finden sich auch im Kapitel »Kopf oder Zahl – du hast die Wahl«.

In herausfordernden Situationen hat sich für mich noch eine weitere innere Einstellung als hilfreich erwiesen: Gedanklich einen Schritt zurückgehen und das Problem vorbeiziehen lassen. Wenn es dich zu viel Kraft kosten würde, eine Lösung zu erreichen und du in dem Moment nichts ändern kannst, dann hast du die Freiheit, dich hier nicht einzubringen. Halte den Fokus auf DEINE Ziele und Wünsche.

Manchmal lösen sich Dinge, die du nur sehr schwer beeinflussen kannst, wie von selbst. Wenn du negativ eingestellte Menschen in deinem Umfeld hast und ihnen immer weniger Aufmerksamkeit schenkst, anstatt sie ändern zu wollten, ist es wahrscheinlich, dass sich die Kontakthäufigkeit allmählich reduziert. Dann kannst du in Bezug auf diese Personen loslassen und die vorher hier eingesetzte Energie für dich nutzen.

> Übung 21:
> Überlege, was du in deine schwarze Tüte packen möchtest und entsorge diese gedanklich oder gib sie demjenigen zurück, zu dem der Tüteninhalt wirklich gehört. Vielleicht hast du auch mehrere Tüten für unterschiedliche Empfänger. Dann beginne jetzt mit der Entsorgung! Lass los, was nicht zu dir gehört!

Übung 22:

Mit welchen schönen Momenten ist deine gelbe Tüte gefüllt? Was hast du die letzten Wochen (oder Monate/Jahre) erlebt? Notiere die schönen Erlebnisse, die dir einfallen. Du kannst diese auch auf Karteikarten schreiben und zum Beispiel in einer kleinen Geschenktüte aufbewahren. Dann hast du sie bei Bedarf immer griffbereit. ♥

Der Schlüssel zum Glück steckt im Schloss der Dankbarkeit.

Ein Schlüssel zum Glück

Der größte Schlüssel zum Glück liegt meiner Meinung nach im Praktizieren von Dankbarkeit. Anstatt zu schauen, was dir fehlt oder was du gerne noch haben möchtest, lade ich dich ein, den Fokus auf Menschen, Dinge und Werte zu richten, für die du dankbar bist. Wenn du benennen kannst, wofür du dankbar bist, dann ist dies ein erster Schritt auf dem Weg zum Glück. Sich intensiv auf das Gefühl der Dankbarkeit einzulassen, hat Auswirkungen auf dein Wohlbefinden, deine Gesundheit und deine Beziehungen. Dankbarkeit kann dich zu einem glücklicheren Menschen machen.

Forschungen haben gezeigt, dass Menschen, die Dankbarkeit zeigen und fühlen können, intensivere positive Gefühle empfinden. Sie sind optimistischer gestimmt, zufriedener mit ihrem Leben und steigern dadurch ihre Vitalität[14]. Wenn du Dankbarkeitsübungen – wie zum Beispiel ein Dankbarkeitstagebuch – regelmäßig nutzt, setzt du dabei deinen Fokus immer mehr auf dieses positive Gefühl und bemerkst nebenbei, dass eine tiefe Dankbarkeit auch für kleine Dinge möglich ist. Damit ziehst du mehr Zufriedenheit in dein Leben.

Im Sommerurlaub 2018 habe ich begonnen, ein Dankbarkeitstagebuch zu schreiben. Dieses Experiment habe ich über ein Jahr lang durchgeführt. Dabei habe ich jeden Abend vor dem Zubettgehen ein bis drei Dinge oder Situationen notiert, für die ich an diesem Tag dankbar war und mich in diese Dankbarkeit auch bewusst hineingefühlt. Dadurch konzentrierte ich mich auf die positiven Erlebnisse des Tages und beendete diesen dann mit einem Fokus auf die Dinge, die mich im Laufe des Tages glücklich gemacht haben. Ich habe mir damit eine »Brille der Dankbarkeit« aufgesetzt und bewusst auf das Einfangen schöner Momente geachtet. Dies hat mich auch durch dunklere Tage getragen. Mit dem abendlichen Fokus auf mein Dankbarkeitstagebuch konnte ich den Blick weglenken von negativen Ereignissen, auf die ich keinen Einfluss hatte.

Übung 23:
Vielleicht nimmst du dir ein kleines Schreibheft und machst daraus dein Dankbarkeitstagebuch. Dort kannst du jeden Abend die Dinge eintragen, für die du an diesem Tag dankbar warst. Damit stehen deine Chancen gut, mit positiven Gedanken einzuschlafen und die geschilderten Vorteile für dich zu nutzen.
Lege dir das Heft und einen Stift direkt ans Bett, damit du abends auch daran denkst und es zur Gewohnheit werden kann.
Überlege, für welche Dinge du heute, in den letzten Tagen oder grundsätzlich dankbar bist. Notiere sie direkt hier unter dieser Aufgabe. Spüre in diese Dankbarkeit hinein. Wie fühlt es sich an?

✎ _____

_____

_____

Mut zur Veränderung ist ein entscheidender Schritt zu mehr Lebensfreude.

Mut tut gut

Einen großen Teil unserer täglichen Aufgaben erledigen wir, ohne darüber nachzudenken oder diese zu planen: Auf dem Weg zur Arbeit denkst du nicht nach, entlang welcher Straßen du fahren musst. Du bist diese Strecke schon so oft gefahren, dass du ohne nachzudenken den richtigen Weg findest. Wenn du einen Kuchen backen möchtest, den du schon oft gebacken hast, dann schaust du vielleicht nur noch nach den Mengenangaben für die Zutaten, der Rest läuft von allein. Dieses »Machen ohne darüber nachzudenken« wird Automatismus genannt. Dieser betrifft jedoch nicht nur Handlungen, sondern auch häufig genutzte Verhaltensweisen und Reaktionsmuster unterliegen diesem Automatismus. Sie werden unbewusst ausgeführt und nicht willentlich gesteuert.

Mir ist es schon passiert, dass ich samstags auf dem Weg zum Einkaufen an der Straßenkreuzung automatisch in Richtung meiner Arbeitsstelle abgebogen bin, obwohl ich eigentlich in die entgegengesetzte Richtung fahren wollte. Ich war in diesem Moment gedanklich bei einem anderen Thema und habe den Fokus nicht auf meine eigentliche Absicht, nämlich zum Einkaufen zu fahren, gelegt. Dadurch bin ich versehentlich in die falsche Richtung gefahren. Zum Glück habe ich dies nach ein paar hundert Metern bemerkt. ☺

Wenn du dir bewusst machst, dass es viele Dinge gibt, die unbewusst ablaufen und dadurch zur Gewohnheit geworden sind, dann kannst du dir vielleicht vorstellen, dass hier dein

Potenzial für Veränderungen liegen kann. Solange du handelst, wie du immer handelst, wird sich eine Veränderung aus dir selbst heraus nicht ergeben. In der Regel läuft dann alles so, wie es immer war. Veränderung erfolgt nur, wenn du durch äußere Gegebenheiten gezwungen bist, dich mit Veränderungen auseinanderzusetzen.

Ich bin der Meinung, dass jeder von Zeit zu Zeit seine Gewohnheiten hinterfragen sollte. Dies können »Bequemlichkeiten« wie zum Beispiel jeden Abend Couch-Programm mit Chips und Gummibärchen, jeden Samstag wird eingekauft und geputzt oder auch gesellschaftliche Vorgaben sein. »Das habe ich (haben wir) schon immer so gemacht.«

Wenn du Veränderung anstrebst, dann beginne am besten bei dir selbst. Welche Gewohnheiten möchtest du bei dir gerne ändern? Vielleicht wünschst du dir, mehr Zeit für dich zu haben? Dann reserviere doch beispielsweise die Zeit für den Einkauf am Samstag für dich und erledige die Einkäufe lieber bereits am Freitagabend, wenn du auf dem Heimweg von der Arbeit ohnehin am Supermarkt vorbeifährst.

Bei welcher gesellschaftlichen »Tradition« hast du vielleicht für dich sinnvollere Lösungen? Die Vorbereitung von Geburtstagsfeiern zum Beispiel können viel Aufwand bedeuten. Es ist zwar schön, wenn alle zufrieden sind und es jedem schmeckt. Wenn dir die Arbeit aber gerade zu viel ist oder du einfach keine leidenschaftliche Köchin bist, überlege dir: Wie wäre es, diese Gewohnheit zu ändern, wenn sie dir keine Freude bereitet?

Ich bin der Ansicht, dass es hilfreich ist, einmal über alte Gewohnheiten nachzudenken. Stelle dir die Frage: Will ich es in dieser Form noch beibehalten? Bei einem NEIN habe auch den Mut, die Gewohnheit zu hinterfragen, um dann nach kreativen Lösungswegen zu schauen: Wie kann diese Situation eine Änderung erfahren? Schau doch mal nach, welche Möglichkeiten und Ideen du zu diesem Thema findest. Was erscheint für dich praktikabel und nützlich? Vielleicht ergibt sich daraus etwas ganz Neues und du fragst dich hinterher: »Warum habe ich das nicht schon früher geändert?«

In einem Radiointerview sprach eine Frau über die vier Jahre, die sie mit ihrer Familie in Australien gelebt hat und welche Ideen sie von dort mitgebracht hat. In Bezug auf Geburtstage und Feiern hat sie angeführt, dass der Umgang mit dem Gratulieren und Feiern dort wesentlich lockerer ist. Es muss nicht direkt an dem eigentlichen Tag gratuliert oder gefeiert werden. Die Feier findet oft nach dem Geburtstag an dem Tag statt, der am besten passt.

Ich finde diese Einstellung sehr viel entspannter und habe die letzte Geburtstagsfeier in der Familie einfach mal als spätes Frühstück am Sonntag darauf veranstaltet. Sonntags hat in der Regel jeder Zeit, das Frühstück lässt sich vorab einfach vorbereiten und das Aufräumen und Spülen hinterher geht auch relativ fix. Dies hat zur Folge, dass ich als Gastgeberin nicht nur in der Küche stand, sondern mich auch zu den Gästen setzen und die entspannte Feier ebenfalls genießen konnte.

Übung 24:

Welche Gewohnheiten, Traditionen oder Vorgaben möchtest du gerne ändern? Notiere dir die Dinge, die dir hierzu einfallen und wähle dann die eine Veränderung aus, die dir für dich jetzt am wichtigsten ist. Notiere, was du hierbei genau verändern möchtest und wie für dich die optimale Lösung/dein Ziel aussieht. Was musst du hierfür als Nächstes tun? Wer kann dir dabei evtl. helfen, wenn du Hilfe benötigst? Sammle deine Ideen hierzu und dann leg los!

Dieses Hochgefühl,
wenn du
die Lieder aus
den guten, alten Zeiten hörst.

Magische Momente konservieren

Ich möchte dir in diesem Abschnitt verschiedene Möglichkeiten aufzeigen, mit denen du die magischen und schönen Momente deines Lebens immer wieder abrufen kannst. Gleichzeitig zeige ich dir, wie du dies zur Motivation und für mehr Gute-Laune-Momente nutzen kannst.

Wir denken oft an ein schönes Erlebnis beim Betrachten der Fotos von diesem Tag, dem Ort oder auch von den Menschen, die mit uns den besonderen Moment verbracht haben. Gleichzeitig kann es auch sein, dass ein Parfüm oder ein Dekorationsobjekt an eine besondere Feier erinnert. Vielleicht ist es auch ein Schmuckstück oder ein Kleidungsstück, das du während dieser schönen Zeit getragen hast und immer noch besitzt und gerne trägst.

Eine weitere Möglichkeit kann ein Song sein, der an diesen Tagen gespielt wurde und dich immer wieder daran erinnert. Auch Lieder, die zum Ohrwurm wurden, die du zu einer bestimmten Zeit, zum Beispiel in deiner Jugend immer wieder gehört hast, wecken in dir die Erinnerung an gute Zeiten und können bewirken, dass ein positives Gefühl in dir aufsteigt.

Ich habe für mich festgestellt, dass ich oft mit Düften, zum Beispiel einem bestimmten Parfüm, ein besonderes Ereignis verbinde. Seitdem ich dies erkannt habe, kaufe ich oft für einen Urlaub einen neuen Duft, den ich dann während des Urlaubs zum ersten Mal benutze. Dies hat bei mir zur Folge, dass ich zuhause diesen neuen Duft mit dem wundervollen Urlaub verknüpfe. Ich fühle mich automatisch besser und erhöhe damit meinen Gute-Laune-Faktor.

Eine ähnliche Erfahrung mache ich mit Musik. So erinnern mich regionale Radiosender, die ich auf dem Weg zum Urlaubsort und während des Urlaubs in der entsprechenden Region gehört habe, dann auch zuhause wieder an diese schöne Zeit. Mal einen neuen Sender einzustellen, kann ich nur empfehlen. Ganz nebenbei wirst du dann auch auf dir bisher unbekannte Sendungen aufmerksam (mit spannenden Interviews, wie zum Beispiel »Die blaue Couch« bei Bayern1).

Im Song »An guten Tagen« von Johannes Oerding finden sich die Textzeilen *»An guten Tagen … mach' ich 'n Foto, denn das Licht ist grad' so schön. Damit ich auch an schwarzen Tagen die hellen nicht vergess'«*[15]. Mir ist es sehr wichtig, genau diese Absicht nochmal hervorzuheben. An Tagen, an welchen es dir nicht so gut geht, kannst du deine konservierten magischen Momente wieder hervorholen, um damit neue Kraft zu schöpfen und gute Laune hervorzurufen. Durch die Erinnerung und das Hineinspüren ist es möglich, deine Stimmung damit positiver zu gestalten. Das Ziel hierbei ist, raus aus den negativen Emotionen in einen positiven Bereich zu kommen. Ich meine damit ausdrücklich nicht, dass du nur in den schönen Erinnerungen der Vergangenheit schwelgen sollst. Es geht vielmehr darum, bei Bedarf ein positives Gefühl zu erzeugen, um einen Schritt raus aus dem Tal der negativen Emotionen zu machen. Damit ein Impuls entsteht und du wieder positive Momente für dich erschaffen kannst.

Ich habe die Erfahrung gemacht, dass es auf diese Art möglich ist, Motivation und Lebensfreude zu generieren und ins Handeln zu kommen.

Noch heute verbinde ich das Ski-Training unserer Schulmannschaft mit den Songs auf der Musikkassette, die während der Fahrt zu Training und Wettkämpfen in einer Endlosschleife lief. Die Texte kann ich – mehr als 30 Jahre später – noch auswendig mitsingen.

Meine Erinnerungen an diese schöne Zeit erlebe ich immer wieder, wenn einer dieser Songs läuft. Gleichzeitig kann ich diese Musik bewusst als Ansporn nutzen, wenn ich mal keine Lust auf Sport habe und mich wieder zum Ausdauer-Training motivieren möchte. Für mich ist mit diesen Liedern der unmittelbare Spaß am Training verknüpft und dies nutze ich bewusst für meine Motivation.

Übung 25:
Überlege, wie du Erinnerungen an deine zukünftigen magischen Momente konservieren kannst. Vielleicht findest du etwas Passendes für dich in meinen aufgeführten Beispielen. Schreibe auf, was du gerne auf welche Art und Weise umsetzen möchtest. Was benötigst du genau dazu? Sofern ein schönes Ereignis schon in deinem Terminkalender notiert ist, schreibe deine neue Idee zur Konservierung des magischen Moments am besten in deinen Kalender, dann denkst du auch an die Umsetzung.

Ideen, zur Konservierung magischer Momente, die du nutzen möchtest (zum Beispiel Playlist mit tollen Songs aus dem Urlaub nun auf dem Weg zur Arbeit hören, laut mitsingen und dadurch mit guter Laune den Arbeitstag beginnen):

Deine konkreten Umsetzungspläne (notiere, was genau du dir vorstellen kannst und wann und wie du es umsetzen möchtest → siehe Beispiel in der Aufgabenstellung):

Ein ausgiebiger Waldspaziergang lässt uns neue Kraft tanken.

Energiequelle Natur

Wann warst du das letzte Mal mit allen Sinnen in der Natur unterwegs? Kannst du dich noch an deinen letzten Waldspaziergang erinnern?

Wenn das schon eine Weile zurückliegt, dann investiere hierfür deine Zeit. Es lohnt sich. Nutze die Gelegenheit, lass den Alltag und damit verbundene Gedanken los. Freue dich auf die vielen Beobachtungen, die du in der Natur machen kannst: Welche unterschiedlichen Farben und Formen erkennst du? Welche Geräusche nimmst du wahr, wenn du dich auf das Lauschen konzentrierst? Wo sitzt der Vogel, dessen Lied du hörst? Mit diesem Fokus kannst du mehr entdecken und gleichzeitig den Alltag loslassen.

Wenn das Handy ausgeschaltet ist und du allein oder auch zu zweit durch den Wald läufst, dann bist du ungestört und es kann eine aufmerksame Ruhe entstehen. Diese bewirkt unter anderem, dass sich unser Gehirn regeneriert.

Nicht umsonst wird in unserer hektischen Zeit das Waldbaden immer beliebter. In Japan ist es inzwischen sogar als Stress-Management-Methode anerkannt. Es existieren verschiedene Studien darüber, dass der Aufenthalt im Wald für die Gesundheit förderlich ist, Stresshormone abbaut und – durch das Einatmen der in der Waldluft enthaltenen Terpene – unser Immunsystem stärkt. Nach einem Aufenthalt im Wald produziert der Körper mehr Killerzellen (Abwehreinheiten des Immunsystems), die Krankheitserreger und potenzielle Tumorzellen bekämpfen[16].

Ich möchte dich ermutigen, in den nächsten Tagen einen

Waldspaziergang zu unternehmen. Probiere einmal aus, welche Veränderungen du nach einem Waldspaziergang bei dir feststellen kannst. Vielleicht möchtest du dann zukünftig diese positiven Effekte für dich nutzen. Wenn du noch zögerst und etwas mehr Ansporn benötigst, dann findest du in den zahlreichen Naturparks Ansprechpartner für geführte Touren. So kannst du ins Thema hineinschnuppern und entdeckst dabei vielleicht eine neue Form der Entschleunigung für dich.

Ich versuche, jede Woche mindestens einmal eine Runde im Wald zu drehen. Ich laufe hierzu auf einem wunderschönen Rundweg entlang des Läunsbachs, mit viel Wald, Wiesen und Fischteichen. Wenn ich nach einer arbeitsreichen Woche am Freitag zum Laufen mit unserer Hündin dort unterwegs bin, beginnt für mich das Wochenende. Nach einer Stunde unterwegs auf Waldwegen, fühle ich mich wieder energiegeladen und entspannt.

> **Übung 26:**
> Kennst du einen Waldweg, den du entlanggehen kannst? Mache direkt einen Termin mit dir und trage ihn in deinen Terminkalender ein. Probiere es aus. Wenn du lieber in einer Gruppe gehen möchtest, dann recherchiere im Internet nach Angeboten, die dich ansprechen.
> Notiere deine Ideen und Entdeckungen, dann kannst du hier nachschauen und musst nicht suchen, wenn du spontan losgehen möchtest.

✎ _____

_____

*Lass die Dinge los,
die dich belasten.
Ist dies nicht möglich,
ändere
deine Einstellung
darüber.*

Dein Erste-Hilfe-Team

In diesem Abschnitt möchte ich meine Erfahrungen zur Lösungsfindung in herausfordernden Situationen weitergeben. Nun hoffe ich natürlich, dass du möglichst nicht mit lebensbedrohlichen Situationen konfrontiert wirst. Es kann jedoch auch vorkommen, dass du vor einer Herausforderung stehst und (noch) nicht das Licht am Ende des Tunnels sehen kannst.

So wie dir im Notfall die 112 zur Verfügung steht, gibt es sicherlich auch für deinen »persönlichen Notfall« jemanden, der dir in deiner Situation weiterhelfen kann. Entweder durch direkte Hilfe oder dadurch, dass dir eine Person empfohlen wird, die dich dann unterstützen kann. Dabei habe ich auch immer wieder festgestellt, dass es sich lohnt, bei Herausforderungen professionelle Hilfe in Anspruch zu nehmen. Oft findest du damit schneller, einfacher und mit einem anderen Fokus eine Lösungsmöglichkeit.

Ich stehe auf dem Standpunkt, dass die Lösungen, die ich für meine Herausforderungen finden möchte, beinhalten, dass ich selbst etwas verändern kann. In der Regel versuche ich, Lösungswege zu finden, bei welchen ich selbst tätig werde und somit bei erneutem Auftreten des gleichen Problems eine Lösung oder zumindest den Lösungsansatz parat habe. Als Beispiel möchte ich hier meine ab und an auftretenden Rückenschmerzen anführen. Da bei mir eine muskuläre Ursache den Schmerzen zugrunde liegt, habe ich in der Behandlung beim Physiotherapeuten die für mich passenden Übungen quasi als Hausaufgabe erhalten. Immer, wenn die Schmerzen im unteren Rücken auftreten, kann ich mir nun selbst helfen. Gleichzeitig habe ich vor Augen, wie wichtig Dehnung der Muskulatur und Beweglichkeit sind und kann vorbeugend tätig werden.

Eine mögliche Herangehensweise bei Herausforderungen ist, zuerst einmal zu schauen, ob du eine Lösung findest oder Ideen hierzu hast, wenn das Problem nicht dringend gelöst werden muss. Meine Empfehlung lautet: Ein paar Nächte darüber schlafen, mit einer kompetenten Person über das Thema reden und überlegen, wie du das Ganze am besten angehst. Wichtig ist, in der Situation die Ruhe zu bewahren, um handlungsfähig zu bleiben. Die Situation realisieren und auch akzeptieren, um danach in Richtung der möglichen Lösung hinzuarbeiten. Die Realität lässt sich nicht einfach ändern. Was du jedoch aus der Herausforderung machst und wie du sie bewertest, das liegt in deiner Hand.

Scheue dich nicht, professionelle Hilfe in Anspruch zu nehmen. Du erhältst dann einen Blick aus einer anderen Perspektive und kannst erste Lösungsansätze erkennen.

Wenn eine Situation ausweglos erscheint oder der »Berg« nur in Etappen zu bewältigen ist, dann mache ich zuerst eine Art Bestandsaufnahme: Was ist passiert? Ich stelle mir danach die Frage, ob ich allein in der Lage bin, in der (akuten) Situation eine Lösung herbeizuführen. Ist dies nicht der Fall, dann versuche ich, einen Fachmann oder eine Fachfrau zu finden, der oder die mir in dieser Situation weiterhelfen kann. Vielleicht gibt es auch mehrere Personen, auf deren Erfahrung und/oder Fachkompetenz ich zurückgreifen kann. Für mich war und ist es immer wichtig, das Gefühl zu haben, dass ich mein Schicksal in der Hand habe und nicht hilflos ausgeliefert bin. Damit bin ich aktiv in die Lösungsfindung eingebunden und komme leichter aus dem Gedankenkarussell heraus.

> Übung 27:
> Dies ist eine Übung, um kurz innezuhalten und dir bewusst zu werden, ob du aktuell Hilfe und Unterstützung benötigst. Beurteile deine aktuelle Situation auf einer Skala von 1 (nicht herausfordernd – fühle mich eher unterfordert) bis 10 (extrem belastend – ich schaffe es nicht mehr).
> Bei welcher Zahl befindest du dich? Welcher Lebensbereich ist davon betroffen (Gesundheit, Finanzen, Emotionen, Beziehungen, Beruf)?
> Wer könnte dir in diesem Bereich weiterhelfen?

*Tun oder lassen?
Es ist nur eine
Entscheidung.*

Mach, was du willst!

Nach Hilfe Ausschau zu halten, heißt für mich jedoch auch, nicht jedes »kleine« Problem zu delegieren. Ich finde es für die persönliche Weiterentwicklung entscheidend, dass ich versuche, eine Lösung selbst herbeizuführen. Ich bin der Meinung, dass wir viele Dinge lernen können. Einerseits ist es manchmal einfacher, eine unbekannte Aufgabe von jemand anderen erledigen zu lassen. Andererseits macht es dir vielleicht sogar Spaß, es selbst zu lernen und auszuprobieren.

Ich spreche hier beispielsweise von handwerklichen Tätigkeiten wie Fenster oder Wände streichen. Wir hatten im – wegen COVID-19 – abgesagten Osterurlaub 2020 spontan beschlossen, unsere 25 Holzfenster vom Haus zu streichen. Das hat mir zwar nur bedingt Spaß gemacht, aber wir haben gemeinsam um die Wette gestrichen und uns den Arbeitslohn damit selbst verdient. Über das Ergebnis haben wir uns gefreut: Die Fenster sehen dadurch wieder richtig schön aus und halten durch die Pflege deutlich länger.

Wie ich es schaffe, mich zu motivieren und meine Projekte abzuschließen, habe ich im Abschnitt »Erfolgstreppe« erläutert.

An dieser Stelle möchte ich betonen, dass auch ich natürlich nicht immer alles allein mache und durchaus offen bin für Unterstützung und Hilfe im Alltag. Bevor mir alles über den Kopf wächst oder wenn zum Beispiel ein nebendienstliches Studium winkt und das Familienleben nicht zu kurz kommen soll, dann ist es von Vorteil, Unterstützung möglicherweise von der Familie anzunehmen oder auch eine Haushaltshilfe zu engagieren.

Dabei ist es mir egal, was andere über meine Entscheidung denken könnten. Wichtig ist, wie ich mich dabei fühle und hier steht dann meine dadurch gewonnene Zeit im Mittelpunkt. Im Abschnitt »Der wichtigste Mensch in deinem Leben« findest du hierzu auch noch ein paar Gedanken.

> Übung 28:
> Gibt es Arbeiten, die du gerne delegieren möchtest, um mehr Zeit für andere Dinge zu haben, die dir Spaß machen?
> Was fällt dir hier spontan ein? Wie kannst du es umsetzen?

✎ _____

_____

_____

_____

_____

_____

_____

In kleinen Veränderungen liegen große Möglichkeiten.

Vom fröhlichen Trampelpfad zur Glücksautobahn

Mit dem Zitat von Henry Ford »Wer immer tut, was er schon kann, bleibt immer das, was er schon ist« möchte ich diesen Abschnitt beginnen. Wenn du bereit bist, dich zu verändern und in die Umsetzung zu gehen, dann wirst du sicherlich auch eine Veränderung in deinem Leben erreichen. Nun denkst du vielleicht, ja das würde ich gerne, aber wie geht das?

Mein Geheimnis zur Veränderung liegt im Erlernen neuer Gewohnheiten. Eine Gewohnheit ist laut Duden eine »durch häufige und stete Wiederholung selbstverständlich gewordene Handlung, Haltung, Eigenheit; etwas oft nur noch mechanisch oder unbewusst Ausgeführtes.«[17]

Wenn du nun durch eine Veränderung in deinem Leben etwas Neues kreierst, dass durch wiederholtes TUN zu einer guten Gewohnheit wird, dann bist du auf dem Weg zu einer nachhaltigen Veränderung. Oft ist es beim Erlernen neuer Dinge zuerst etwas mühselig, bis du dich an die Umsetzung gewöhnt hast. Mit etwas Übung wird es dir immer leichterfallen. Ich vergleiche es gerne mit Radfahren lernen. Anfangs wackelst du noch etwas und musst dich darauf konzentrieren, die Balance zu halten. Wenn es klappt, wirst du mit jeder Fahrt sicherer und schaffst es irgendwann auch, einhändig oder auf unebenen Straßen zu fahren. Das Radfahren wird dann zur Routine – sofern es dir Spaß macht und du auch die Vorteile daran für dich entdeckst.

Diese könnten zum Beispiel sein: Mit dem Rad schneller

vorankommen, die Ausdauer steigern, eine schöne Freizeitbeschäftigung haben und so weiter.

Wie ich bereits erwähnt habe, nehme ich mir immer nur eine neue Inspiration vor, die ich ausprobieren möchte. Mein Ziel ist es dann, diese Inspiration zuerst einmal für vier Wochen zu testen, damit ich für mich schauen kann, welche positiven Auswirkungen die Umsetzung für mich hat. Aus eigener Erfahrung muss ich jedoch zugeben, dass gerade zu Beginn die Euphorie durchaus hoch ist, es jedoch im Verlauf teilweise einer enormen Willensstärke bedarf, das anvisierte Ziel zu erreichen. Der innere Schweinehund bellt da manches Mal ziemlich laut.

Um den inneren Schweinehund das Bellen abzugewöhnen, habe ich festgestellt, dass bei mir die Termin-Methode am besten funktioniert. Diese möchte ich anhand meines Vorhabens »regelmäßig meditieren« kurz erklären: Ich hatte mir vorgenommen, möglichst jeden Tag zu meditieren. Dabei wollte ich einfach mal abschalten und entspannen. Als angeleitete Meditation hatte ich mir die Morgenmeditation von Dr. Joe Dispenza[18] ausgesucht und mir vorgenommen, diese täglich in den nächsten vier Wochen zu praktizieren. Ich habe während dieser Zeit festgestellt, dass mir das Meditieren am besten früh morgens gelingt und habe dann einen konkreten Termin dafür mit mir vereinbart. Wenn ich es am Abend vorher schon in meine Morgenroutine vor der Arbeit mit eingeplant hatte, dann habe ich mir morgens auch die Zeit dafür genommen. Am Wochenende habe ich etwas länger geschlafen und die Meditation wurde auf nach dem Mittagessen verschoben. Hier bin ich im Mittagstief manchmal dabei eingeschlafen. Das war für mich ok, da ich nach dem Mittagsschläfchen auch sehr entspannt war. Wenn ich alternativ am Abend meditieren wollte, hat mich das am meisten Überwindung gekostet.

Mein Résumé nach diesen vier Wochen besteht aus der Feststellung, dass mir regelmäßiges Meditieren mehr Ruhe, Entspannung und auch mehr Energie bringt. Damit ich hiervon auch weiterhin profitiere und vor allem durchhalte, habe ich die Strategie entwickelt, von Montag bis Freitag morgens vor der Arbeit zu meditieren und am Wochenende zumindest an einem Tag nach dem Aufstehen. Sollte es am Wochenende dann doch nicht klappen, habe ich es zumindest an den anderen fünf Tagen geschafft.

Ich bin überzeugt, dass hier eine gesunde Balance zwischen »an der Sache dranbleiben« und »sich eine Pause gönnen« bestehen sollte – solange die Pausen nicht überwiegen ☺.

Ab und an – oder auch ganz oft – bellt der innere Schweinehund »heute nicht« und hat überhaupt keine Lust. Das kennt sicherlich jeder Mensch. Am Ende ist es jedoch meist so: Wenn du diesen Moment überwindest und doch in die Umsetzung gehst, fühlst du dich danach gut. Du bist froh, dass du es geschafft hast.

Der größte Benefit in diesen Situationen liegt darin, dass der innere Schweinehund immer leiser wird, sofern du deine Sache durchziehst und an der Umsetzung dranbleibst.

Wenn du neue Dinge umsetzt, dann hast du anfangs ein Gefühl, als würdest du dich auf einem Trampelpfad befinden, auf dem du noch nicht so schnell vorankommst. Bist du zum ersten Mal auf diesem Trampelpfad unterwegs, kann es sein, dass du dir den Weg erstmal etwas freimachen musst. Bleibst du dran und nutzt den Weg immer wieder, dann wird durch die regelmäßige Umsetzung aus dem Trampelpfad ein Feldweg.

Auf diesem kommst du schon besser und leichter voran. Mit dem entsprechenden Training wirst du bald – wie auf einer Landstraße – noch einfacher weiterkommen. Hältst du an der Umsetzung fest, dann bemerkst du weitere Fortschritte, bis du eines Tages so konditioniert bist, dass es für dich zum Automatismus geworden ist und du auf der Glücksautobahn fahren kannst. Du musst dich nicht mehr überwinden. Spaß und Motivation an der Umsetzung sind einfach da und du hast Freude am TUN.

> *Übung 29:*
> *Erinnere dich an eine Situation, in der du etwas Neues mit Erfolg und Freude umgesetzt hast. War es vor ein paar Wochen, Monaten oder Jahren? Was genau war dein Erfolgsrezept? Was hat dich motiviert, an der Umsetzung dranzubleiben? Schreibe deine Erfolgsfaktoren nachstehend auf. Vielleicht kannst du dich auch an die damit verknüpften Emotionen erinnern. Notiere sie ebenfalls. Deine inneren Bilder und die dazugehörigen Gefühle kannst du gezielt einsetzen und sie als Motivation zum Durchhalten nutzen, wenn der innere Schweinehund mal wieder etwas lauter bellt.*

Erfolg bedeutet durchzuhalten, auch wenn du auf dem Weg zu deinem Ziel mal rückwärts stolperst.

Sprenge deine Ketten - auf der Erfolgstreppe triumphieren

Das Prinzip der Erfolgstreppe kann dich auf dem Weg, hin zu deinen Zielen und Wünschen, unterstützen. Dieses Beispiel zeigt, wie du es schaffst, nachhaltige Veränderungen herbeizuführen und an der Umsetzung dranzubleiben, bis das anvisierte Ziel erreicht ist.

Im Hinblick auf das Durchhaltevermögen möchte ich dies näher erläutern: Wenn du dir vornimmst, ein Musikinstrument zu erlernen, dann erwirbst du zum Beispiel eine Flöte und schaust dich nach einer Lehrerin oder einem Lehrer in deiner Nähe um. Zu Beginn bist du motiviert, gehst das Üben mit Freude an und kannst nach kurzer Zeit schon einfache Stücke spielen. Damit hast du die erste Stufe deiner Erfolgstreppe in diesem Bereich bereits erklommen. Dieser schnelle, erste Erfolg lässt dich weitermachen, obgleich dann auch anspruchsvollere Stücke anstehen, für die du etwas mehr üben musst. Nun kann es sein, dass du das Gefühl hast, dein Flötenspiel verbessert sich nicht weiter oder du siehst nur kleine Fortschritte. Du bist längere Zeit auf dem gleichen Niveau und kommst nicht wirklich weiter. An diesem Punkt entscheidet sich oft, ob du die nächste Erfolgsstufe erklimmen wirst oder die Flöte im Schrank landet, weil du denkst, dass du keine Fortschritte machst und es dir nicht mehr so richtig Spaß und Freude bereitet.

Es ist entscheidend, in dieser Phase weiterzumachen und darauf zu vertrauen, dass das Erreichen der nächsten Stufe möglich ist. Vielleicht benötigst du noch etwas Übung, eventuell hat auch die Lehrerin oder der Lehrer noch einen Tipp für dich, wenn du sie oder ihn fragst.

Wenn du die Motivation findest, weiterzumachen, dann ist es sehr wahrscheinlich, dass du die nächste Stufe der Erfolgstreppe hinaufsteigen kannst. Dann spielst du zusammen mit einer Gruppe oder einem Orchester. Du leistest dir eine hochwertige Flöte und findest eine Lehrerin oder einen Lehrer, der dich beim Erlernen des Instruments noch weiter voranbringt.

Um dein Ziel zu erreichen, ist es somit wichtig, an der entscheidenden Stelle dranzubleiben und es weiterhin zu TUN, damit sich der Erfolg auch einstellt. Denn auf der Erfolgstreppe geht es nicht immer stetig bergauf. Auf der Geraden ist es wichtig, durchzuhalten und wenn es zwischenzeitlich mal wieder ein Stück nach unten geht, dann schaue zuerst, was du bereits erreicht hast und danach auf dein gewünschtes Ziel. Motiviere dich weiterzumachen. Es ist ganz normal, auf dem Weg auch mal innezuhalten und sich kopfschüttelnd zu fragen: »Warum quäle ich mich so? Wie bin ich nur auf diese Idee gekommen?« Wenn du an diesem Punkt dein Ziel visualisierst und weitermachst, dann kannst du es auch erreichen.

Auf der nächsten Seite findest du ein Beispiel, wie deine Erfolgstreppe aussehen kann:

Beispiel Erfolgstreppe:

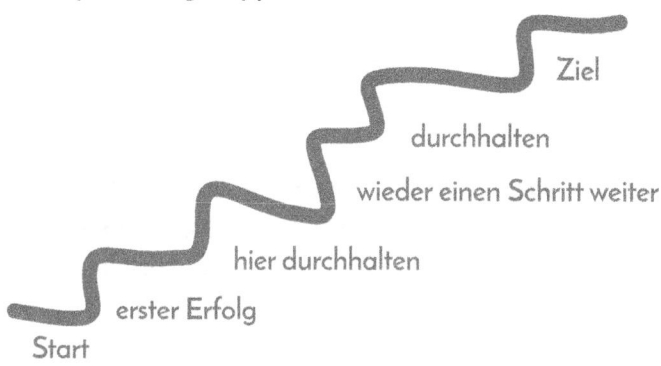

Wenn du im Ziel angekommen bist, feiere die Zieldurchfahrt. Ich überlege meist im Voraus, wie ich dies zelebrieren kann und freue mich auf diesen Moment. Während der Treppenbesteigung zählen diese Gedanken auch zu meinen persönlichen Motivationsfaktoren und ich visualisiere und fühle mich auf meinem Weg immer wieder in diese Freude ein. Sehr gerne nutze ich diese inneren Bilder in den Phasen, in welchen es entscheidend ist, durchzuhalten.

Das Prinzip der Erfolgstreppe lässt sich nicht nur auf »große Ziele« anwenden. Auch bei Aktionen, wie zum Beispiel dem Frühjahrsputz kannst du das Wissen hierüber nutzen. Das ist dann eher eine kurze Treppe mit ein bis zwei Stufen und doch ist das Prinzip »durchhalten und Ziel erreichen« auch hier anwendbar.

Vier Hinweise noch, damit es dir mehr Spaß macht und du dein Ziel leichter erreichst:

1. Finde dein WARUM? Wenn du weißt, warum du das Ziel erreichen willst, dann wird es dir auch leichterfallen, in den entscheidenden Momenten nicht aufzugeben, sondern am Ziel festzuhalten.

2. Bei vielen Tätigkeiten kannst du deine Lieblingsmusik hören. Mitsingen ist ausdrücklich erlaubt und hebt die Stimmung. Alternativ empfehle ich auch Hörbücher. Dann kannst du ganz nebenbei tolle Bücher hören, die du sonst nicht gelesen hättest.

3. Du darfst ruhig auch mal eine Pause einlegen. Rom wurde auch nicht an einem Tag erbaut ☺. Entscheidend ist, dass du das Ziel nicht aus den Augen verlierst. Gestehe dir auch zu, es zu modifizieren, wenn du auf dem Weg feststellst, dass es für dich eine bessere Alternative gibt.

4. Große Ziele lassen sich leichter in Etappen erreichen. Stelle dir die Frage: Was ist der nächste Schritt hin zu meinem Ziel? Dann kannst du das Ziel abschnittsweise erreichen. Die Tour de France wird auch nicht an einem Stück durchgefahren. Manche Etappen lassen sich gut absolvieren und andere sind eine echte Herausforderung. Je nachdem ob der Sprinter oder Bergfahrer die Etappe beurteilt. Du kannst den Fokus auf deine jeweilige Etappe legen und dich über die Ankunft im (Zwischen-)Ziel freuen.

Bei der Hausarbeit ist das Putzen nicht gerade meine Lieblingsbeschäftigung. Insbesondere, wenn es wieder einmal nötig ist, gründlich alles sauberzumachen. Ich möchte die Gardinen waschen, die Heizkörper entstauben, unter dem Bett putzen und dazu noch den Schrank aussortieren. Mein WARUM? beinhaltet die spätere Freude über ein sauberes und ordentliches Schlafzimmer. Dieses schöne Bild stelle ich mir dann bereits vor.

Mehr oder weniger voller Elan gehe ich die mir gestellte Aufgabe an und nehme mir nicht das ganze Haus an einem Tag vor. Denn das schaffe ich nicht und mein Ziel soll ja auch erreichbar sein. Ich suche mir motivierende Musik oder ein Hörbuch, denn damit macht mir die Arbeit mehr Spaß. Ich beginne mit dem Schlafzimmer und da steht das Aussortieren als erstes an. Die Nachtschränkchen habe ich schnell im Griff (1. Stufe auf der Erfolgstreppe).

Gleichzeitig ist gerade Saisonwechsel und die dicken Wintersachen werden verstaut und machen Platz, damit die Frühlingskleidung griffbereit im Kleiderschrank liegen kann. Vom vielen Sortieren und Überlegen, ob ich zum Beispiel den Riss an der Lieblingshose doch noch flicke oder die Hose zum Upcyling behalte, vergeht die Zeit. Im Zimmer hat das Chaos Einzug gehalten und ich frage mich »Wie bin ich bloß auf die (blöde) Idee gekommen, diese Aktion heute zu starten?«

Genau in diesem »ich mag nicht mehr«-Moment ist es wichtig, durchzuhalten und nicht abzubrechen. Denn eigentlich wäre jetzt auch noch Kochen für das Mittagessen angesagt. Mir ist aber ein aufgeräumtes und sauberes Schlafzimmer heute wichtiger als das warme Mittagessen (Ziel im Auge behalten ☺).

Deshalb mache ich vor meiner Mittagspause noch 30 Minuten weiter. Dann habe ich die Ordnung im Schrank wiederhergestellt und gleichzeitig großen Hunger. Es gibt heute einfach einen strammen Max und das Gericht hat den Vorteil, dass die Küche wieder aufgeräumt ist, bis die Eier gebraten sind. Frisch gestärkt mache ich mich dann ans Putzen in allen Ecken des Schlafzimmers und freue mich, dass ich am Ende mein Ziel erreicht habe. Das Schlafzimmer ist blitzsauber, ich habe noch ein bisschen dekoriert (das mache ich auch sehr gerne) und beim ins Bett gehen freue ich mich abends über die schöne frisch gewaschene Bettwäsche und sage mir lächelnd in Gedanken: »Das hast du gut gemacht!«

»Wenn du nicht an Wunder glaubst, dann glaube an dich selbst.«

(unbekannt)

Nachwort

Geschafft! Das letzte Kapitel im Buch ist geschrieben. Was als Idee begann, meine Erfolgsfaktoren zu notieren und andere damit zu inspirieren, ist nun vollendet. Zwischendurch war der Weg zur nächsten Stufe auf der Erfolgstreppe auch mal etwas länger. Mein Wunsch, das gedruckte Buch in den Händen zu halten, hat mich dann jedoch weiterschreiben lassen.

Von Herzen Danke sagen möchte ich …
… meiner Familie, die mich einfach machen lässt und mich in meinem TUN unterstützt.
… meinen vielen Wegbegleitern, die mich fördern und fordern und damit dazu beitragen, die Stefanie zu sein, die ich heute bin.
… Christine Hofmann, die mich ermuntert hat, dieses Buch zu beginnen.
… Anna Egger für die Abdruckerlaubnis ihrer Geschichte »Die gelbe Tüte«.
… Eva Reiß für die professionelle und liebevolle Unterstützung und Beratung bei der Buchfertigstellung.
… Kinka Tadsen für das fantastische Fotoshooting am Kniepsand auf Amrum.
… Marie Wölk für die zauberhafte Satzarbeit und Umsetzung meiner Wünsche für das Buchcover.

Quellenangaben:

- 1 Schmieder-Kliniken, Allensbach/Bodensee
- 2 Verfasser unbekannt
- 3 https://definition-online.de/resilienz/
- 4 https://onlinlibrary.wiley.com/doi/abs/10.1002/ejsp.674
- 5 https://sorriso-verlag.com/autoren/heike-kluemper-hilgart/
- 6 http://www.gesundheitsspiegel.de/lachen-macht-gesund/
- 7 https://www.spektrum.de/frage/macht-singen-gluecklich
- 8 Staudinger, Nicole: Männer sind auch nur Menschen; München 2020
- 9 Fuchs, Sabine und Heppel, Uli: Fuck the Falten; München, 2020
- 10 https://www.focus.de/gesundheit/experten/buergel/ein-plaedoyer-fuer-das-laecheln-lassen-sie-sich-das-laecheln-nicht-vergehen_id_5395767.html
- 11 https://idioms.thefreedictionary.com/don%27t+cry+over+spilled+milk
- 12 https://zeitzuleben.de/5-tipps-zum-nein-sagen/
- 13 Egger, Anna/Hans Heß (Hrsg.): Erzählbar; Bonn 2019
- 14 Leimon, Averil und McMahon, Gladeana: Positive Psychologie; Weinheim 2011
- 15 https://www.johannesoerding.de
- 16 Geo kompakt Nr. 52 – Unser Wald
- 17 Duden.de
- 18 https://drjoedispenza.de/morgen-meditation-kostenlos/

Herausforderungen meistern.
Innere Stärke entwickeln.
Resilienz lernen.

Du hast Lust, nachhaltig etwas zu verändern und möchtest dies mit meiner Unterstützung einfacher umsetzen? Nutze die Chance, mit mir persönlich ins Gespräch zu kommen. Die Kontaktdaten und weitere Informationen findest du unter:

www.stefanie-weber.com

Mein Angebot für Einzelpersonen und Gruppen:

- *Mentoring-Programm*
- *Impulsvortrag*
- *Workshop*
- *Lesung*
- *Gehirntraining*

www.ingramcontent.com/pod-product-compliance
Lightning Source LLC
Chambersburg PA
CBHW021721241025
34502CB00013B/856